Editionen für den Literaturunterricht
Herausgegeben von Thomas Kopfermann

Liebeslyrik

mit Materialien,
ausgewählt von Adelheid Petruschke

Ernst Klett Schulbuchverlag
Stuttgart · Leipzig

Die Fußnoten wurden zur besseren Verständlichkeit der Texte eingesetzt.

1. Auflage   1 7 6 5 | 2012 2011 2010

Alle Drucke dieser Ausgabe sind untereinander unverändert und können im Unterricht nebeneinander benutzt werden. Die letzte Zahl bezeichnet das Jahr dieses Druckes.

Die Materialien folgen der reformierten Rechtschreibung. Ausnahmen bilden Texte, bei denen künstlerische, philologische oder lizenzrechtliche Gründe einer Änderung entgegenstehen.

Das Werk und seine Einzelteile sind urheberrechtlich geschützt. Jede Nutzung in anderen als den gesetzlich zugelassenen Fällen bedarf der vorherigen schriftlichen Einwilligung des Verlages. Hinweis zu § 52a UrhG: Weder das Werk noch seine Teile dürfen ohne eine solche Einwilligung eingescannt und in ein Netzwerk eingestellt werden. Dies gilt auch für Intranets von Schulen und sonstigen Bildungseinrichtungen.

Fotomechanische und andere Wiedergabeverfahren nur mit Genehmigung des Verlages.

© für die Materialien: Ernst Klett Schulbuchverlag Leipzig GmbH, Leipzig 2006.
Alle Rechte vorbehalten.
Internetadresse: www.klett.de

Redaktion: Ursula Schwarz
Herstellung: Dea Hädicke
Satz: Annett Semmler
Umschlaggestaltung: Sandra Schneider nach Entwürfen von MetaDesign, Berlin
Umschlagfoto: Getty Images (Brand X Pictures), München

Reproduktion: Meyle + Müller, Medien-Management, Pforzheim
Druck: Beltz Druckpartner, Hemsbach

Printed in Germany

ISBN-13: 978-3-12-352427-1
ISBN-10: 3-12-352427-2

Inhaltsverzeichnis

I Liebeslyrik – Themen und Formen 7
Ralf Thenior: Die Fastfrau 7
Robert Wohlleben: Abends 7
Unbekannter Verfasser: Ich wil trûren varen lân 8
Novalis: Walzer 9
Johann Wolfgang von Goethe: Mignon-Lied 9
Ulla Hahn: Bildlich gesprochen 10
Ernst Jandl: liegen, bei dir 10
Theodor Storm: Hyazinthen 11
Stefan George: Im windes-weben 12
Heinrich Heine: Ein Jüngling liebt ein Mädchen 12
Sarah Kirsch: Wintermusik 13

II Liebe im Wandel der Zeiten 14
Der von Kürenberg: Ich zôch mir einen valken 14
Dietmar von Eist: Ûf der linden obené 15
Walther von der Vogelweide: Under der linden 16
Unbekannter Verfasser: Waldvögelein 18
Martin Opitz: Ach Liebste, lass uns eilen 19
Catharina Regina von Greiffenberg: Gegen Amor 20
Philipp von Zesen: Lied 21
Friedrich Gottlieb Klopstock: Das Rosenband 22
Christian Felix Weiße: Der Kuss 23
Friedrich von Hagedorn: Die Küsse 23
Johann Wolfgang von Goethe:
   Mit einem gemalten Band 24
Johann Wolfgang von Goethe: Mailied 24
Johann Wolfgang von Goethe: Ganymed 26
Johann Wolfgang von Goethe: Nähe des Geliebten 27
Johann Wolfgang von Goethe: Selige Sehnsucht 28
Friedrich Schiller: Hektors Abschied 29
Novalis: Hymnen an die Nacht 30
Joseph von Eichendorff: Das zerbrochene Ringlein 31
Joseph von Eichendorff: Mondnacht 32
Joseph von Eichendorff: Nachtzauber 33
Clemens Brentano: Hört du wie die Brunnen rauschen 34

Inhaltsverzeichnis

Heinrich Heine: Wahrhaftig 34
Heinrich Heine: Auf Flügeln des Gesanges 35
Eduard Mörike: Nimmersatte Liebe 36
Eduard Mörike: Gesang zu Zweien in der Nacht 37
Theodor Storm: Die Nachtigall 38
Conrad Ferdinand Meyer: Zwei Segel 39
Hugo von Hofmansthal: Die Beiden 40
Hugo von Hofmansthal: Dein Antlitz 41
Rainer Maria Rilke: Liebes-Lied... 42
Rainer Maria Rilke: Östliches Taglied 43
Georg Heym: Letzte Wache 44
Else Lasker-Schüler: Mein Liebeslied 45
Gottfried Benn: Nachtcafé 46
Mascha Kaléko: Auf einen Café-Tisch gekritzelt 47
Erich Kästner: Sachliche Romanze 48
Bertolt Brecht: Die Liebenden 49
Gottfried Benn: Blaue Stunde 50
Paul Celan: Corona 52
Ingeborg Bachmann: Dunkles zu sagen 53
Karl Krolow: Liebesgedicht.. 54
Sarah Kirsch: Ich wollte meinen König töten 55
Christoph Meckel: Speisewagen 56
Reiner Kunze: Rudern zwei 56
Durs Grünbein:
    Wussten wir, was den Reigen in Gang hält? 57
Ulla Hahn: Liebeslied 2001 58

III Männerbilder – Frauenbilder 59
Christian Hoffmann von Hoffmanswaldau:
    Beschreibung vollkommener Schönheit 59
Johann Wolfgang von Goethe: Heidenröslein 60
Friedrich Schiller: Die Begegnung 61
Joseph von Eichendorff: Waldgespräch 62
Heinrich Heine: (Ich weiß nicht, was soll es bedeuten) 63
Adelbert von Chamisso: Frauenliebe und -leben 64
Rainer Maria Rilke: Mädchen, Dichter sind,
    die von euch lernen 65
Bertolt Brecht: Erinnerung an die Marie A. 66

Karin Kiwus: Im ersten Licht	67
Ulla Hahn: Verbesserte Auflage	68
Doris Runge: du also	69

IV Dichterliebe und -leben 70

Johann Wolfgang von Goethe: Willkommen und Abschied	70
Johann Wolfgang von Goethe: Warum gabst du uns die tiefen Blicke	71
Friedrich Hölderlin: Der Abschied	73
Eduard Mörike: Peregrina	75
Annette von Droste-Hülshoff: An Levin Schücking	77
Else Lasker-Schüler: Höre	78
Gottfried Benn: Hier ist kein Trost	79

V »Seit du von mir gefahren« – die verlassene Geliebte .. 80

Dietmar von Eist: Slâfest du, friedel ziere?	80
Unbekannter Verfasser: Ich hort ein sichellin rauschen	81
Clemens Brentano: Der Spinnerin Nachtlied	82
Karoline von Günderode: Die eine Klage	83
Eduard Mörike: Das verlassene Mägdlein	84
Gertrud Kolmar: Die Verlassene	85
Ingeborg Bachmann: Eine Art Verlust	86
Sarah Kirsch: Bei den Stiefmütterchen	87
Ulla Hahn: Mit Haut und Haar	88

VI »Erklär mir, Liebe« – Nachdenken über Liebe 89

Sybilla Schwarz: Liebe schont der Götter nicht	89
Ludwig Christoph Heinrich Hölty: Die Liebe	90
Matthias Claudius: Die Liebe	91
Karoline von Günderode: Liebe	91
Friedrich Hölderlin: Die Liebe	92
Ludwig Tieck: Wunder der Liebe	93
Gottfried Benn: Liebe	95
Ingeborg Bachmann: Erklär mir, Liebe	96
Hans Magnus Enzensberger: Call it love	97
Paul Celan: Die Liebe, zwangsjackenschön	98
Reiner Kunze: Die Liebe	99

VII »Und lass den Liebeslüsten freien Zügel ...« 100
Christian Hoffmann von Hoffmanswaldau:
  Albanie, gebrauche deine Zeit 100
Johann Christian Günther:
  Eröffne mir das Feld der Lüste 100
Peter Rühmkof: Das ganz entschiedene Ausweiche-Lied 102
Robert Gernhardt: Einmal hin und zurück 103
Thomas Kling: aber annette 104

Materialteil 105

# I Liebeslyrik – Themen und Formen

Ralf Thenior
Die Fastfrau

Wenn sie
um die Ecke kommt
mit ihren 14 Jahren
und dem rosa Pullover
etwas schmuddelig
an den Brüsten
hat schon 'ne Handvoll
sagen die Jungs
wenn sie
um die Ecke kommt
mit der Kaugummiblase
vor dem Mund
PLOPP
(1979)

Robert Wohlleben
Abends

der Große Himmel
von Curaçao bis Persiko.
Aber besoffen
bin ich von Dir.
(1979)

I Liebeslyrik – Themen und Formen

Unbekannter Verfasser
Ich wil trûren varen lân

Ich wil trûren varen lân;
vf die heide sul wir gân,
vil liebe gespilen mîn!
da seh wir der blumen schin.
5　　Ich sage dir, ih sage dir,
　　　mîn geselle, chum mit mir!

Suoziu Minne, raine Min,
mache mir ein chrenzelîn!
daz sol tragen ein stolzer man,
10　der wol wîben dienen chan!
　　Ich sage dir, ih sage dir,
　　　mîn geselle, chum mit mir!
(12. Jahrhundert)

Ich will das Trauern sein lassen.
Auf die Heide wollen wir gehn,
meine lieben Gespielen!
Da sehn wir das Leuchten der Blumen.
5　　Ich sage dir, ich sage dir,
　　　mein Geselle, komm mit mir!

Süße Minne, reine Minne
mache mir ein Kränzlein!
Das soll ein stolzer Mann tragen,
10　der Frauen wohl zu dienen versteht!
　　Ich sage dir, ich sage dir,
　　　mein Geselle, komm mit mir!
Übersetzung: Max Wehrli

Novalis
Walzer

Hinunter die Pfade des Lebens gedreht
    Pausiert nicht, ich bitt euch so lang es noch geht
Drückt fester die Mädchen ans klopfende Herz
    Ihr wisst wie flüchtig ist Jugend und Scherz.

Lasst fern von uns Zanken und Eifersucht sein
    Und nimmer die Stunden mit Grillen[1] entweihn
Dem Schutzgeist der Liebe nur gläubig vertraut
    Es findet noch jeder gewiss eine Braut.
(1794/1797)

Johann Wolfgang von Goethe
Mignon-Lied

Nur wer die Sehnsucht kennt,
Weiß, was ich leide!
Allein und abgetrennt
Von aller Freude,
Seh ich ans Firmament
Nach jener Seite.
Ach! der mich liebt und kennt,
Ist in der Weite.
Es schwindelt mir, es brennt
Mein Eingeweide.
Nur wer die Sehnsucht kennt,
Weiß, was ich leide!
(1783)

---

1 veraltet für: Launen

Ulla Hahn
Bildlich gesprochen

Wär ich ein Baum ich wüchse
dir in die hohle Hand
und wärst du das Meer ich baute
dir weiße Burgen aus Sand.

5 Wärst du eine Blume ich grübe
dich mit allen Wurzeln aus
wär ich ein Feuer ich legte
in sanfte Asche dein Haus.

Wär ich eine Nixe ich saugte
10 dich auf den Grund hinab
und wärst du ein Stern ich knallte
dich vom Himmel ab.
(1981)

Ernst Jandl
liegen, bei dir

ich liege bei dir. deine arme
halten mich. deine arme
halten mehr als ich bin.
deine arme halten, was ich bin
5 wenn ich bei dir liege und
deine arme mich halten.
(1956)

Theodor Storm
Hyazinthen

Fern hallt Musik; doch hier ist stille Nacht,
Mit Schlummerduft anhauchen mich die Pflanzen:
Ich habe immer, immer dein gedacht;
Ich möchte schlafen, aber du musst tanzen.

Es hört nicht auf, es rast ohn Unterlass;
Die Kerzen brennen und die Geigen schreien,
Es teilen und es schließen sich die Reihen,
Und alle glühen; aber du bist blass.

Und du musst tanzen; fremde Arme schmiegen
Sich an dein Herz; o leide nicht Gewalt!
Ich seh dein weißes Kleid vorüberfliegen
Und deine leichte, zärtliche Gestalt. – –

Und süßer strömend quillt der Duft der Nacht
Und träumerischer aus dem Kelch der Pflanzen.
Ich habe immer, immer dein gedacht;
Ich möchte schlafen, aber du musst tanzen.
(1852)

Stefan George
Im windes-weben

Im windes-weben
War meine frage
Nur träumerei.
Nur lächeln war
5 Was du gegeben.
Aus nasser nacht
Ein glanz entfacht –
Nun drängt der mai·
Nun muss ich gar
10 Um dein aug und haar
Alle tage
In sehnen leben.
(1907)

Heinrich Heine
Ein Jüngling liebt ein Mädchen

Ein Jüngling liebt ein Mädchen,
Die hat einen andern erwählt;
Der andre liebt eine andre
Und hat sich mit dieser vermählt.

5 Das Mädchen heiratet aus Ärger
Den ersten besten Mann,
Der ihr in den Weg gelaufen;
Der Jüngling ist übel dran.

Es ist eine alte Geschichte,
10 Doch bleibt sie immer neu;
Und wem sie just passieret,
Dem bricht das Herz entzwei.
(1822/23)

Sarah Kirsch
Wintermusik

Bin einmal eine rote Füchsin ge-
Wesen mit hohen Sprüngen
Holte ich mir was ich wollte.

Grau bin ich jetzt grauer Regen.
Ich kam bis nach Grönland
In meinem Herzen.

An der Küste leuchtet ein Stein
Darauf steht: Keiner kehrt wieder.
Der Stein verkürzt mir das Leben.

Die vier Enden der Welt
Sind voller Leid. Liebe
Ist wie das Brechen des Rückgrats.
(1992)

II Liebe im Wandel der Zeiten

Der von Kürenberg
Ich zôch mir einen valken

»Ich zôch mir einen valken   mêre danne ein jâr.
dô ich in gezamete   als ich in wolte hân
und ich im sîn gevidere   mit golde wol bewant,
er huop sich ûf vil hôhe   und flouc in anderiu lant.

5 Sît sach ich den valken   schône fliegen:
er fuorte an sînem fuoze   sîdîne riemen,
und was im sîn gevidere   alrôt guldîn.
got sende si zesamene   die gerne geliep wellen sîn!«
(2. Hälfte des 12. Jahrhunderts)

»Ich zog mir einen Falken länger als ein Jahr.
Als ich ihn gezähmt, wie ich ihn haben wollte,
und sein Gefieder mit Gold geschmückt hatte,
hob er sich hoch und flog davon.

5 Seither sah ich den Falken schön fliegen:
er führte an seinem Fuß seidene Fesseln
und sein Gefieder war ganz rotgolden.
Gott sende sie zusammen, die einander gerne lieb haben wollen.«
Übersetzung: Max Wehrli

II Liebe im Wandel der Zeiten

Dietmar von Eist
Ûf der linden obené dâ sanc ein kleinez vogellîn

Ûf der linden obené dâ sanc ein kleinez vogellîn.
vor dem walde wart ez lût: dô huop sich aber daz herze mîn
an eine stat da'z ê dâ was. ich sach die rôsebluomen stân:
die manent mich der gedanke vil die ich hin zeiner frouwen
                                                                                    hân.

›Ez dunket mich wol tûsent jâr daz ich an liebes arme lac.   5
sunder âne mîne schulde fremdet er mich manegen tac.
sît ich bluomen niht ensach noch hôrte kleiner vogele sanc,
sît was mir mîn fröide kurz und ouch der jâmer alzelanc.‹

Oben auf der Linde, da sang ein feines Vögelchen.
Vor dem Walde ward es laut: da hob sich wieder mein Herz
an eine Stelle, wo es einst schon war. Ich sah die Rosenblüten stehn:
die erinnern mich der Gedanken, die ich zu einer Frau hin habe.

›Es scheinen mir wohl tausend Jahr, dass ich am Arm des Liebsten lag.   5
Ohne alle meine Schuld entzieht er sich mir schon manchen Tag.
Seit ich Blumen nicht mehr sah, noch hörte feiner Vögel Gesang,
Seit da war mir meine Freude kurz, dafür mein Jammer allzu lang.‹
Übersetzer: Max Wehrli

II Liebe im Wandel der Zeiten

Walther von der Vogelweide
Under der linden

›Under der linden
an der heide,
dâ unser zweier bette was,
Dâ mugt ir vinden
schône beide
gebrochen bluomen unde gras.
Vor dem walde in einem tal,
tandaradei,
schône sanc diu nahtegal.

Ich kam gegangen
zuo der ouwe:
dô was mîn friedel komen ê.
Dâ wart ich enpfangen,
hêre frouwe,
daz ich bin sælic iemer mê.
Kuste er mich? wol tûsentstunt:
tandaradei,
seht wie rôt mir ist der munt.

Dô het er gemachet
alsô rîche
von bluomen eine bettestat.
Des wirt noch gelachet
inneclîche,
kumt iemen an daz selbe pfat.
Bî den rôsen er wol mac,
tandaradei,
merken wâ mirz houbet lac.

Daz er bî mir læge,
wessez iemen
(nu enwelle got!), sô schamt ich mich.
Wes er mit mir pflæge,
niemer niemen

bevinde daz wan er und ich –
Und ein kleinez vogellîn,
tandaradei,   35
daz mac wol getriuwe sîn.‹
(um 1200)

»Unter der Linde
auf der Heide,
wo unser beider Lager war,
da kann man sehn
liebevoll gebrochen   5
Blumen und Gras.
Vor dem Wald in einem Tal
tandaradei
sang schön die Nachtigall.

Ich kam gegangen   10
zu der Wiese,
da war mein Liebster schon vor mir gekommen.
Da wurde ich empfangen
– Heilige Jungfrau! –
dass es mich immer glücklich machen wird.   15
Ob er mich küsste? Wohl tausend Mal,
tandaradei,
seht, wie rot mein Mund ist.

Da hatte er bereitet
in aller Pracht   20
von Blumen ein Lager.
Daran wird sich freuen
von Herzen,
wer daran vorübergeht.
An den Rosen kann er noch   25
– tandaradei –
sehen wo mein Kopf lag.

II Liebe im Wandel der Zeiten

Dass er bei mir lag,
wüsste es jemand
30 (da sei Gott vor!), so schämte ich mich.
Was er tat mit mir,
niemals soll jemand
das erfahren als er und als ich –
und die liebe Nachtigall,
35 tandaradei;
die wird gewiss verschwiegen sein.«
Übersetzung: Peter Wapnewski

Unbekannter Verfasser
Waldvögelein

Es flog ein kleins Waldvögelein
Der Lieben fürs Fensterlein.
Es klopfet also leise
Mit seinem Goldschnäbelein:
5 »Stand auf, Herzlieb, und lass mich ein!
Ich bin so lang geflogen
Wohl durch den Willen dein.«

»Bist du so lang geflogen
Wohl durch den Willen mein,
10 Komm heint[1] um halber Mitternacht,
So will ich dich lassen ein;
Ich will dich decken also warm,
Ich will dich freundlich schließen
An mein schneeweiße Arm.«
(17. Jahrhundert)

---

1 veraltet für: heute

II Liebe im Wandel der Zeiten

Martin Opitz
Ach Liebste, lass uns eilen

Ach Liebste, lass uns eilen
Wir haben Zeit:
Es schadet das Verweilen
Uns beiderseit.

Der edlen Schönheit Gaben
Fliehn Fuß für Fuß,
Dass alles, was wir haben,
Verschwinden muss.

Der Wangen Zier verbleichet,
Das Haar wird greis[1],
Der Äuglein Feuer weichet,
Die Brunst[2] wird Eis.

Das Mündlein von Korallen
Wird ungestalt,
Die Händ als Schnee verfallen,
Und du wirst alt.

Drumb lass uns jetzt genießen
Der Jugend Frucht,
Eh als wir folgen müssen
Der Jahre Flucht.

Wo du dich selber liebest,
So liebe mich,
Gib mir, dass, wann du gibest,
Verlier auch ich.
(1624)

---

[1] veraltet für: grau
[2] veraltet für: Lust

Catharina Regina von Greiffenberg
Gegen Amor

Der kleine Wüterich mag mit den Pfeilen spielen
und tändeln, wie er will: Er gewinnet mir nichts ab,
weil gegen seine Pfeil ein Demant Herz ich hab.
Er machet mich nicht wund, ich darf nit Schmerzen fühlen.

5 Er mag mit tausend List auf meine Freiheit zielen.
Ihm ich, dem blinden Kind, ein Zucker-Zeltlein[1] gab:
er meint', es wär mein Herz. O leicht-getäuschter Knab!
Ich will mein Mütlein noch an deiner Einfalt kühlen.

Schau, wie gefällt dir das! trotz, spreng mir diesen Stein
10 mit deinem goldnen Pfeil. Der Lorbeer soll mich zieren,
nicht deine Dornen-Ros' und Myrten-Sträuchelein.

Du meinst, es sei nur Scherz, ich wolle mich vexieren.
Nein! nein! die süße Ruh soll mir das Liebste sein,
mein tapfers Herz soll nichts als Ruh und Freiheit spüren.
(1658)

---

1 Naschwerk

Philipp von Zesen
Lied

Halt, du schöner Morgenstern,
Bleibe fern!
Und du, güldne Nachtlaterne,
Halt der weißen Pferde Lauf
Itzund auf!
Steht ein wenig still, ihr Sterne!

Gönne mir die süße Ruh,
Sonne du,
Lass uns doch der Liebe pflegen,
Lass den kühlen Reif und Tau
Auf der Au
Noch ein wenig meinetwegen!

Ist doch meine Liebste mir
Sonn und Zier,
Die mich itzund in den Armen,
In den zarten Armen weiß,
Die mein Preis
Und mich also lässt erwarmen.

Und du, wunderschönes Licht,
Die ich nicht
Nach der Gnüge kann beschreiben,
Lass den hellen Augenschein
Bei mir sein,
Bis der Tag die Nacht wird treiben.

Wie hat mich dein roter Mund
Doch verwundt!
Das zweifache Schild mich zwinget,
Das vor deinem Herzen steht
Aufgebläht,
Da der Lilien Pracht aufspringet.

II Liebe im Wandel der Zeiten

Ach, entschlage dich ja nicht,
Schönes Licht,
Dieser Lust in deiner Jugend,
Brauche deiner Lieblichkeit
35 Und der Zeit,
Schadt es doch nicht deiner Tugend.

Lass uns immer freudig sein!
Nacht und Wein
Reizen uns itzund zum Lieben.
40 Dann wenn Liebe, Wein und Nacht
Uns anlacht,
Kann uns Langmut nicht betrüben.
(1641)

Friedrich Gottlieb Klopstock
Das Rosenband

Im Frühlingsschatten fand ich sie;
Da band ich sie mit Rosenbändern:
Sie fühlt' es nicht und schlummerte.

Ich sah sie an; mein Leben hing
5 Mit diesem Blick an ihrem Leben:
Ich fühlt' es wohl und wusst es nicht.

Doch lispelt'[1] ich ihr sprachlos zu
Und rauschte mit den Rosenbändern:
Da wachte sie vom Schlummer auf.

10 Sie sah mich an; ihr Leben hing
Mit diesem Blick an meinem Leben,
Und um uns ward's Elysium[2].
(1753)

---
1 veraltet für: flüstern
2 Paradies

II Liebe im Wandel der Zeiten

Christian Felix Weiße
Der Kuss

Ich war bei Chloen ganz allein,
und küssen wollt' ich sie:
Jedoch sie sprach, sie würde schrein,
es sei vergebne Müh.

Ich wagt' es doch und küsste sie, 5
trotz ihrer Gegenwehr.
Und schrie sie nicht? Jawohl, sie schrie, –
doch lange hinterher.
(1768)

Friedrich von Hagedorn
Die Küsse

Als sich aus Eigennutz Elisse
Dem muntern Koridon ergab,
Nahm sie für einen ihrer Küsse
Ihm anfangs dreißig Schäfchen ab.

Am andern Tag erschien die Stunde, 5
Dass er den Tausch viel besser traf.
Sein Mund gewann von ihrem Munde
Schon dreißig Küsse für ein Schaf.

Der dritte Tag war zu beneiden:
Da gab die milde Schäferin 10
Um einen neuen Kuss mit Freuden
Ihm alle Schafe wieder hin.

Allein am vierten ging's betrübter,
Indem sie Herd' und Hund verhieß
Für einen Kuss, den ihr Geliebter 15
Umsonst an Doris überließ.
(1793)

II Liebe im Wandel der Zeiten

Johann Wolfgang von Goethe
Mit einem gemalten Band

Kleine Blumen, kleine Blätter
streuen mir mit leichter Hand
gute junge Frühlingsgötter
tändelnd auf ein luftig Band.

5 Zephyr, nimm's auf deine Flügel,
schling's um meiner Liebsten Kleid!
Und so tritt sie vor den Spiegel
all in ihrer Munterkeit.

Sieht mit Rosen sich umgeben,
10 selbst wie eine Rose jung:
Einen Blick, geliebtes Leben!
und ich bin belohnt genung.

Fühle, was dies Herz empfindet,
reiche frei mir deine Hand,
15 und das Band, das uns verbindet,
sei kein schwaches Rosenband!
(1770/71)

Johann Wolfgang von Goethe
Mailied

Wie herrlich leuchtet
Mir die Natur!
Wie glänzt die Sonne!
Wie lacht die Flur!

5 Es dringen Blüten
Aus jedem Zweig
Und tausend Stimmen
Aus dem Gesträuch

Und Freud und Wonne
Aus jeder Brust.
O Erd, o Sonne!
O Glück, o Lust!

O Lieb, o Liebe!
So golden schön,
Wie Morgenwolken
Auf jenen Höhn!

Du segnest herrlich
Das frische Feld,
Im Blütendampfe
Die volle Welt.

O Mädchen, Mädchen,
Wie lieb ich dich!
Wie blickt dein Auge!
Wie liebst du mich!

So liebt die Lerche
Gesang und Luft,
Und Morgenblumen
Den Himmelsduft,

Wie ich dich liebe
Mit warmem Blut,
Die du mir Jugend
Und Freud und Mut

Zu neuen Liedern
Und Tänzen gibst.
Sei ewig glücklich,
Wie du mich liebst!
(1771)

Johann Wolfgang von Goethe
Ganymed

Wie im Morgenrot
du rings mich anglühst,
Frühling, Geliebter!
Mit tausendfacher Liebeswonne
sich an mein Herz drängt
deiner ewigen Wärme
heilig Gefühl,
unendliche Schöne!

Dass ich dich fassen möcht'
in diesen Arm!

Ach, an deinem Busen
lieg' ich, schmachte,
und deine Blumen, dein Gras
drängen sich an mein Herz.

Du kühlst den brennenden
Durst meines Busens,
lieblicher Morgenwind,
ruft drein die Nachtigall
liebend nach mir aus dem Nebeltal.

Ich komme! Ich komme!
Wohin? Ach, wohin?

Hinauf, hinauf strebt's,
es schweben die Wolken
abwärts, die Wolken
neigen sich der sehnenden Liebe,
mir, mir!

In eurem Schoße
aufwärts,
umfangend umfangen!

Aufwärts
an deinem Busen,
allliebender Vater!
(1774)

Johann Wolfgang von Goethe
Nähe des Geliebten

Ich denke dein, wenn mir der Sonne Schimmer
Vom Meere strahlt;
Ich denke dein, wenn sich des Mondes Flimmer
In Quellen malt.

Ich sehe dich, wenn auf dem fernen Wege
Der Staub sich hebt;
In tiefer Nacht, wenn auf dem schmalen Stege
Der Wandrer bebt.

Ich höre dich, wenn dort mit dumpfem Rauschen
Die Welle steigt;
Im stillen Haine[1] geh ich oft zu lauschen,
Wenn alles schweigt.

Ich bin bei dir, du seist auch noch so ferne,
Du bist mir nah!
Die Sonne sinkt, bald leuchten mir die Sterne.
O wärst du da!
(1795)

---

1 veraltet für: Wäldchen

Johann Wolfgang von Goethe
Selige Sehnsucht

Sagt es niemand, nur den Weisen,
Weil die Menge gleich verhöhnet,
Das Lebendge will ich preisen,
Das nach Flammentod sich sehnet.

5 In der Liebesnächte Kühlung,
Die dich zeugte, wo du zeugtest,
Überfällt dich fremde Fühlung,
Wenn die stille Kerze leuchtet.

Nicht mehr bleibest du umfangen
10 In der Finsternis Beschattung,
Und dich reißet neu Verlangen
Auf zu höherer Begattung.

Keine Ferne macht dich schwierig,
Kommst geflogen und gebannt,
15 Und zuletzt, des Lichts begierig,
Bist du Schmetterling verbrannt.

Und solang du das nicht hast,
Dieses: Stirb und werde!
Bist du nur ein trüber Gast
20 Auf der dunklen Erde.
(1814)

Friedrich Schiller
Hektors Abschied

Andromache
Will sich Hektor ewig von mir wenden,
Wo Achill mit den unnahbarn Händen
Dem Patroklus schrecklich Opfer bringt?
Wer wird künftig deinen Kleinen lehren,
Speere werfen und die Götter ehren,
Wenn der finstre Orkus dich verschlingt?

Hektor
Teures Weib, gebiete deinen Tränen,
Nach der Feldschlacht ist mein feurig Sehnen,
Diese Arme schützen Pergamus.
Kämpfend für den heilgen Herd der Götter
Fall ich, und des Vaterlandes Retter
Steig ich nieder zu dem stygschen Fluss.

Andromache
Nimmer lausch ich deiner Waffen Schalle,
Müßig liegt dein Eisen in der Halle,
Priams großer Heldenstamm verdirbt.
Du wirst hingehn, wo kein Tag mehr scheinet,
Der Cocytus durch die Wüsten weinet,
Deine Liebe in dem Lethe stirbt.

Hektor
All mein Sehnen will ich, all mein Denken
In des Lethe stillen Strom versenken,
Aber meine Liebe nicht.
Horch! Der Wilde tobt schon an den Mauern,
Gürte mir das Schwert um, lass das Trauern,
Hektors Liebe stirbt im Lethe nicht.
(1799)

II Liebe im Wandel der Zeiten

Novalis
Hymnen an die Nacht

Hinüber wall ich,
Und jede Pein
Wird einst ein Stachel
Der Wollust sein.
Noch wenig Zeiten,
So bin ich los
Und liege trunken
Der Lieb im Schoß.
Unendliches Leben
Wogt mächtig in mir,
Ich schaue von oben
Herunter nach dir.
An jenem Hügel
Verlischt dein Glanz –
Ein Schatten bringet
Den kühlenden Kranz.
O! sauge, Geliebter,
Gewaltig mich an,
Dass ich entschlummern
Und lieben kann.
Ich fühle des Todes
Verjüngende Flut,
Zu Balsam und Äther
Verwandelt mein Blut –
Ich lebe bei Tage
Voll Glauben und Mut
Und sterbe die Nächte
In heiliger Glut.
(1799/1800)

Joseph von Eichendorff
Das zerbrochene Ringlein

In einem kühlen Grunde,
Da geht ein Mühlenrad,
Mein Liebste ist verschwunden,
Die dort gewohnet hat.

Sie hat mir Treu versprochen,
Gab mir ein'n Ring dabei,
Sie hat die Treu gebrochen,
Mein Ringlein sprang entzwei.

Ich möcht als Spielmann reisen
Weit in die Welt hinaus
Und singen meine Weisen
Und gehn von Haus zu Haus.

Ich möcht als Reiter fliegen
Wohl in die blut'ge Schlacht,
Um stille Feuer liegen
Im Feld bei dunkler Nacht.

Hör ich das Mühlrad gehen
Ich weiß nicht, was ich will –
Ich möcht am liebsten sterben,
Da wär's auf einmal still!
(1810)

Joseph von Eichendorff
Mondnacht

Es war, als hätt der Himmel
Die Erde still geküsst,
Dass sie im Blütenschimmer
Von ihm nun träumen müsst.

5 Die Luft ging durch die Felder,
Die Ähren wogten sacht,
Es rauschten leis die Wälder,
So sternklar war die Nacht.

Und meine Seele spannte
10 Weit ihre Flügel aus,
Flog durch die stillen Lande,
Als flöge sie nach Haus.
(1837)

Joseph von Eichendorff
Nachtzauber

Hörst du nicht die Quellen gehen
zwischen Stein und Blumen weit
nach den stillen Waldesseen,
wo die Marmorbilder stehen
in der schönen Einsamkeit?
Von den Bergen sacht hernieder,
weckend die uralten Lieder,
steigt die wunderbare Nacht,
und die Gründe glänzen wieder,
wie du's oft im Traum gedacht.

Kennst die Blume du, entsprossen
in dem mondbeglänzten Grund?
Aus der Knospe, halb erschlossen,
junge Glieder blühend sprossen,
weiße Arme, roter Mund,
und die Nachtigallen schlagen,
und rings hebt es an zu klagen,
ach, vor Liebe todeswund,
von versunknen schönen Tagen –
komm, o komm zum stillen Grund!
(1846)

Clemens Brentano
Hörst du wie die Brunnen rauschen

Hörst du wie die Brunnen rauschen,
Hörst du wie die Grille zirpt?
Stille, stille, lass uns lauschen;
Selig, wer in Träumen stirbt.
5 Selig, wen die Wolken wiegen,
Wem der Mond ein Schlaflied singt!
O wie selig kann der fliegen,
Dem der Traum die Flügel schwingt,
Dass an blauer Himmelsdecke
10 Sterne er wie Blumen pflückt:
Schlafe, träume, flieg, ich wecke
Bald Dich auf und bin beglückt!
(1811)

Heinrich Heine
Wahrhaftig

Wenn der Frühling kommt mit dem Sonnenschein,
Dann knospen und blühen die Blümlein auf;
Wenn der Mond beginnt seinen Strahlenlauf,
Dann schwimmen die Sternlein hinterdrein;
5 Wenn der Sänger zwei süße Äuglein sieht,
Dann quellen ihm Lieder aus tiefem Gemüt; –
Doch Lieder und Sterne und Blümelein,
Und Äuglein und Mondglanz und Sonnenschein,
Wie sehr das Zeug auch gefällt,
10 So macht's doch noch lang keine Welt.
(1817/21)

Heinrich Heine
Auf Flügeln des Gesanges

Auf Flügeln des Gesanges,
Herzliebchen, trag ich dich fort,
Fort nach den Fluren des Ganges,
Dort weiß ich den schönsten Ort.

Dort liegt ein rotblühender Garten
Im stillen Mondenschein;
Die Lotosblumen erwarten
Ihr trautes Schwesterlein.

Die Veilchen kichern und kosen
Und schaun nach den Sternen empor;
Heimlich erzählen die Rosen
Sich duftende Märchen ins Ohr.

Es hüpfen herbei und lauschen
Die frommen, klugen Gazelln;
Und in der Ferne rauschen
Des heiligen Stromes Welln.

Dort wollen wir niedersinken
Unter dem Palmenbaum
Und Liebe und Ruhe trinken
Und träumen seligen Traum.
(1821/1822)

Eduard Mörike
Nimmersatte Liebe

So ist die Lieb! So ist die Lieb!
Mit Küssen nicht zu stillen:
Wer ist der Tor und will ein Sieb
Mit eitel Wasser füllen?
5 Und schöpfst du an die tausend Jahr,
Und küssest ewig, ewig gar,
Du tust ihr nie zu Willen.

Die Lieb, die Lieb hat alle Stund
Neu wunderlich Gelüsten;
10 Wir bissen uns die Lippen wund,
Da wir uns heute küssten.
Das Mädchen hielt in guter Ruh,
Wie's Lämmlein unterm Messer;
Ihr Auge bat: nur immer zu,
Je weher, desto besser!

15 So ist die Lieb, und war auch so,
Wie lang es Liebe gibt,
Und anders war Herr Salomo,
Der Weise, nicht verliebt.
(1828)

Eduard Mörike
Gesang zu Zweien in der Nacht

Sie: Wie süß der Nachtwind nun die Wiese streift,
    Und klingend jetzt den jungen Hain[1] durchläuft!
    Da noch der freche Tag verstummt,
    Hört man der Erdenkräfte flüsterndes Gedränge,
    Das aufwärts in die zärtlichen Gesänge
    Der reingestimmten Lüfte summt.

Er: Vernehm ich doch die wunderbarsten Stimmen,
    Vom lauen Wind wollüstig hingeschleift,
    Indes, mit ungewissem Licht gestreift,
    Der Himmel selber scheinet hinzuschwimmen.

Sie: Wie ein Gewebe zuckt die Luft manchmal,
    Durchsichtiger und heller aufzuwehen;
    Dazwischen hört man weiche Töne gehen
    Von sel'gen Feen, die im blauen Saal
    Zum Sphärenklang,
    Und fleißig mit Gesang,
    Silberne Spindeln hin und wieder drehen.

Er: O holde Nacht, du gehst mit leisem Tritt
    Auf schwarzem Samt, der nur am Tage grünet,
    Und luftig schwirrender Musik bedienet
    Sich nun dein Fuß zum leichten Schritt,
    Womit du Stund um Stund missest,
    Dich lieblich in dir selbst vergissest –
    Du schwärmst, es schwärmt der Schöpfung Seele mit!
(1825)

---

1 veraltet für: Wäldchen

Theodor Storm
Die Nachtigall

Das macht, es hat die Nachtigall
Die ganze Nacht gesungen;
Da sind von ihrem süßen Schall,
Da sind in Hall und Widerhall
5 Die Rosen aufgesprungen.

Sie war doch sonst ein wildes Blut;
Nun geht sie tief in Sinnen,
Trägt in der Hand den Sommerhut
Und duldet still der Sonne Glut
10 Und weiß nicht, was beginnen.

Das macht, es hat die Nachtigall
Die ganze Nacht gesungen;
Da sind von ihrem süßen Schall,
Da sind in Hall und Widerhall
15 Die Rosen aufgesprungen.
(1857)

Conrad Ferdinand Meyer
Zwei Segel

Zwei Segel erhellend
Die tiefblaue Bucht!
Zwei Segel sich schwellend
Zu ruhiger Flucht!

Wie eins in den Winden
Sich wölbt und bewegt,
Wird auch das Empfinden
Des andern erregt.

Begehrt eins zu hasten,
Das andre geht schnell,
Verlangt eins zu rasten,
Ruht auch sein Gesell.
(1882)

Hugo von Hofmannsthal
Die Beiden

Sie trug den Becher in der Hand
– Ihr Kinn und Mund glich seinem Rand –,
So leicht und sicher war ihr Gang,
Kein Tropfen aus dem Becher sprang.

5 So leicht und fest war seine Hand:
Er ritt auf einem jungen Pferde,
Und mit nachlässiger Gebärde
Erzwang er, dass es zitternd stand.

Jedoch, wenn er aus ihrer Hand
10 Den leichten Becher nehmen sollte,
So war es beiden allzu schwer:
Denn beide bebten sie so sehr,
Dass keine Hand die andre fand
Und dunkler Wein am Boden rollte.
(1895)

Hugo von Hofmannsthal
Dein Antlitz ...

Dein Antlitz war mit Träumen ganz beladen.
Ich schwieg und sah dich an mit stummem Beben.
Wie stieg das auf! Dass ich mich einmal schon
In frühern Nächten völlig hingegeben.

Dem Mond und dem zu viel geliebten Tal, 5
Wo auf den leeren Hängen auseinander
Die magern Bäume standen und dazwischen
Die niedern kleinen Nebelwolken gingen

Und durch die Stille hin die immer frischen
Und immer fremden silberweißen Wasser 10
Der Fluss hinrauschen ließ – wie stieg das auf!

Wie stieg das auf! Denn allen diesen Dingen
Und ihrer Schönheit – die unfruchtbar war –
Hingab ich mich in großer Sehnsucht ganz,
Wie jetzt für das Anschaun von deinem Haar 15
Und zwischen deinen Lidern diesen Glanz!
(1896)

II Liebe im Wandel der Zeiten

Rainer Maria Rilke
Liebes-Lied

Wie soll ich meine Seele halten, dass
sie nicht an deine rührt? Wie soll ich sie
hinheben über dich zu andern Dingen?
Ach gerne möcht ich sie bei irgendwas
5 Verlorenem im Dunkel unterbringen
an einer fremden stillen Stelle, die
nicht weiterschwingt, wenn deine Tiefen schwingen.
Doch alles, was uns anrührt, dich und mich,
nimmt uns zusammen wie ein Bogenstrich,
10 der aus zwei Saiten *eine* Stimme zieht.
Auf welches Instrument sind wir gespannt?
Und welcher Geiger hat uns in der Hand?
O süßes Lied.
(1907)

Rainer Maria Rilke
Östliches Taglied

Ist dieses Bette nicht wie eine Küste,
ein Küstenstreifen nur, darauf wir liegen?
Nichts ist gewiss als deine hohen Brüste,
die mein Gefühl in Schwindeln überstiegen.

Denn diese Nacht, in der so vieles schrie,
in der sich Tiere rufen und zerreißen,
ist sie uns nicht entsetzlich fremd? Und wie:
was draußen langsam anhebt, Tag geheißen,
ist das uns denn verständlicher als sie?

Man müsste so sich ineinander legen
wie Blütenblätter um die Staubgefäße:
so sehr ist überall das Ungemäße
und häuft sich an und stürzt sich uns entgegen.

Doch während wir uns aneinander drücken,
um nicht zu sehen, wie es ringsum naht,
kann es aus dir, kann es aus mir sich zücken:
denn unsre Seelen leben von Verrat.
(1906)

Georg Heym
Letzte Wache

Wie dunkel sind deine Schläfen.
Und deine Hände so schwer.
Bist du schon weit von dannen,
Und hörst mich nicht mehr?

5 Unter dem flackenden Lichte
Bist du so traurig und alt,
Und deine Lippen sind grausam
In ewiger Starre gekrallt.

Morgen schon ist hier das Schweigen
10 Und vielleicht in der Luft
Noch das Rascheln von Kränzen
Und ein verwesender Duft.

Aber die Nächte werden
Leerer nun, Jahr um Jahr.
15 Hier, wo dein Haupt lag, und leise
Immer dein Atem war.
(1911)

II Liebe im Wandel der Zeiten

Else Lasker-Schüler
Mein Liebeslied

(Sascha, dem himmlischen Königssohn)

Auf deinen Wangen liegen
Goldene Tauben.

Aber dein Herz ist ein Wirbelwind,
Dein Blut rauscht, wie mein Blut –

Süß
An Himbeersträuchern vorbei.

O, ich denke an dich – –
Die Nacht frage nur.

Niemand kann so schön
Mit deinen Händen spielen,

Schlösser bauen, wie ich
Aus Goldfinger;

Burgen mit hohen Türmen!
Strandräuber sind wir dann.

Wenn du da bist,
Bin ich immer reich.

Du nimmst mich so zu dir,
Ich sehe dein Herz sternen.

Schillernde Eidechsen
Sind dein Geweide.

Du bist ganz aus Gold –
Alle Lippen halten den Atem an.
(1911)

II Liebe im Wandel der Zeiten

Gottfried Benn
Nachtcafé

824: Der Frauen Liebe und Leben.
Das Cello trinkt rasch mal. Die Flöte
rülpst tief drei Takte lang: das schöne Abendbrot.
Die Trommel liest den Kriminalroman zu Ende.

5 Grüne Zähne, Pickel im Gesicht
winkt einer Lidrandentzündung.

Fett im Haar
spricht zu offenem Mund mit Rachenmandel
Glaube Liebe Hoffnung um den Hals.

10 Junger Kopf ist Sattelnase gut.
Er bezahlt für sie drei Biere.

Bartflechte kauft Nelken,
Doppelkinn zu erweichen.

B-moll: die 35. Sonate.
15 Zwei Augen brüllen auf:
Spritzt nicht das Blut von Chopin in den Saal,
damit das Pack drauf rumlatscht!
Schluß! He, Gigi! –

Die Tür fließt hin: Ein Weib.
20 Wüste ausgedörrt. Kanaanitisch[1] braun.
Keusch. Höhlenreich. Ein Duft kommt mit.
Kaum Duft.
Es ist nur eine süße Vorwölbung der Luft
gegen mein Gehirn.

25 Eine Fettleibigkeit trippelt hinterher.
(1912/1920)

---

1 Von *Kanaan*. In der Bibel das Land zwischen der östlichen Mittelmeerküste und dem Jordan sowie zwischen dem Libanongebirge und der Negevwüste.

Mascha Kaléko
Auf einen Café-Tisch gekritzelt ...

Ich bin das lange Warten nicht gewohnt,
Ich habe immer andre warten lassen.
Nun hock ich zwischen leeren Kaffeetassen
Und frage mich, ob sich dies alles lohnt.

Es ist so anders als in früheren Tagen.
Wir spüren beide stumm: das ist der Rest.
Frag doch nicht so. – Es lässt sich vieles sagen,
Was sich im Grunde doch nicht sagen lässt.

Halb eins. So spät! Die Gäste sind zu zählen,
Ich packe meinen Optimismus ein.
In dieser Stadt mit vier Millionen Seelen
Scheint eine Seele ziemlich rar zu sein.
(1933)

II Liebe im Wandel der Zeiten

Erich Kästner
Sachliche Romanze

Als sie einander acht Jahre kannten
(und man darf sagen: sie kannten sich gut),
kam ihre Liebe plötzlich abhanden.
Wie andern Leuten ein Stock oder Hut.

5 Sie waren traurig, betrugen sich heiter,
versuchten Küsse, als ob nichts sei,
und sahen sich an und wussten nicht weiter.
Da weinte sie schließlich. Und er stand dabei.

Vom Fenster aus konnte man Schiffen winken.
10 Er sagte, es wäre schon Viertel nach vier
und Zeit, irgendwo Kaffee zu trinken.
Nebenan übte ein Mensch Klavier.

Sie gingen ins kleinste Café am Ort
und rührten in ihren Tassen.
15 Am Abend saßen sie immer noch dort.
Sie saßen allein, und sie sprachen kein Wort
und konnten es einfach nicht fassen.
(1929)

II Liebe im Wandel der Zeiten

Bertolt Brecht
Die Liebenden

Sieh jene Kraniche in großem Bogen!
Die Wolken, welche ihnen beigegeben
Zogen mit ihnen schon, als sie entflogen
Aus einem Leben in ein andres Leben.
In gleicher Höhe und mit gleicher Eile
Scheinen sie alle beide nur daneben.
Daß so der Kranich mit der Wolke teile
Den schönen Himmel, den sie kurz befliegen
Daß also keines länger hier verweile
Und keines andres sehe als das Wiegen
Des andern in dem Wind, den beide spüren
Die jetzt im Fluge beieinander liegen
So mag der Wind sie in das Nichts entführen
Wenn sie nur nicht vergehen und sich bleiben
So lange kann sie beide nichts berühren
So lange kann man sie von jedem Ort vertreiben
Wo Regen drohen oder Schüsse schallen.
So unter Sonn und Monds wenig verschiedenen Scheiben
Fliegen sie hin, einander ganz verfallen.
Wohin, ihr? – Nirgend hin. – Von wem davon? –
                                      Von allen.
Ihr fragt, wie lange sind sie schon beisammen?
Seit kurzem. – Und wann werden sie sich trennen? –
                                      Bald.

So scheint die Liebe Liebenden ein Halt.
(1927)

II Liebe im Wandel der Zeiten

Gottfried Benn
Blaue Stunde

I
Ich trete in die dunkelblaue Stunde –
da ist der Flur, die Kette schließt sich zu
und nun im Raum ein Rot auf einem Munde
und eine Schale später Rosen – du!

5 Wir wissen beide, jene Worte,
die jeder oft zu anderen sprach und trug,
sind zwischen uns wie nichts und fehl am Orte:
dies ist das Ganze und der letzte Zug.

Das Schweigende ist so weit vorgeschritten
10 und füllt den Raum und denkt sich selber zu
die Stunde – nichts gehofft und nichts gelitten –
mit ihrer Schale später Rosen – du.

II
Dein Haupt verfließt, ist weiß und will sich hüten,
indessen sammelt sich auf deinem Mund
15 die ganze Lust, der Purpur und die Blüten
aus deinem angeströmten Ahnengrund.

Du bist so weiß, man denkt, du wirst zerfallen
vor lauter Schnee, vor lauter Blütenlos,
todweiße Rosen Glied für Glied – Korallen
20 nur auf den Lippen, schwer und wundengroß.

Du bist so weich, du gibst von etwas Kunde,
von einem Glück aus Sinken und Gefahr
in einer blauen, dunkelblauen Stunde
und wenn sie ging, weiß keiner, ob sie war.

III
Ich frage dich, du bist doch eines andern,
was trägst du mir die späten Rosen zu?
Du sagst, die Träume gehn, die Stunden wandern,
was ist das alles: er und ich and du?

»Was sich erhebt, das will auch wieder enden,
was sich erlebt – wer weiß denn das genau,
die Kette schließt, man schweigt in diesen Wänden
und dort die Weite, hoch und dunkelblau.«
(1949/1955)

II Liebe im Wandel der Zeiten

Paul Celan
Corona

Aus der Hand frisst der Herbst mir sein Blatt: Wir sind Freunde.
Wir schälen die Zeit aus den Nüssen und lehren sie gehn:
Die Zeit kehrt zurück in die Schale.

Im Spiegel ist Sonntag,
5 im Traum wird geschlafen,
der Mund redet wahr.

Mein Aug steigt hinab zum Geschlecht der Geliebten:
Wir sehen uns an,
wir sagen uns Dunkles,
10 wir lieben einander wie Mohn und Gedächtnis,
wir schlafen wie Wein in den Muscheln,
wie das Meer im Blutstrahl des Mondes.

Wir stehen umschlungen im Fenster, sie sehen uns zu von der
Straße:
15 es ist Zeit, dass man weiß!
Es ist Zeit, dass der Stein sich zu blühen bequemt,
dass der Unrast ein Herz schlägt.
Es ist Zeit, dass es Zeit wird.

Es ist Zeit.
(1952)

Ingeborg Bachmann
Dunkles zu sagen

Wie Orpheus spiel ich
auf den Saiten des Lebens den Tod
und in die Schönheit der Erde
und deiner Augen, die den Himmel verwalten,
weiß ich nur Dunkles zu sagen.

Vergiss nicht, dass auch du, plötzlich,
an jenem Morgen, als dein Lager
noch nass war von Tau und die Nelke
an deinem Herzen schlief,
den dunklen Fluss sahst,
der an dir vorbeizog.

Die Saiten des Schweigens
gespannt auf die Welle von Blut,
griff ich dein tönendes Herz.
Verwandelt ward deine Locke
ins Schattenhaar der Nacht,
der Finsternis schwarze Flocken
beschneiten dein Antlitz.

Und ich gehör dir nicht zu.
Beide klagen wir nun.

Aber wie Orpheus weiß ich
auf der Seite des Todes das Leben,
und mir blaut
dein für immer geschlossenes Aug.
(1953)

Karl Krolow
Liebesgedicht

Schwarzer Stein im Herzen der Kirsche,
Schwarzer Stein im Herzen des Mannes:
So schwebst du unsichtbar über der Luft,
Die Windrose im Haar,
5 Schwebst überm Zucker dieser Tage, dem Licht,
Über der Wärme, die die Achseln trocknet
Und den Schlaf unruhig macht.

Dein Atem stockt noch grün im Arm der Ulmenbäume.
Deine Stimme steht still zwischen zwei Silben.
10 Sie löst sich auf zwischen zwei dunklen Vokalen,
Buchstaben des Schweigens.

Braune Haut des Oberarms:
aufgerollt vom Flüstern der Mittagsstunde.
Weiße Haut der Hüfte:
15 aufgerollt vom Flüstern des Sommers.
Ich werde ihn aufgeben müssen,

Du bist hinter der Zeit, die in den Venen abläuft:
Schwarzer Stein im Herzen der Kirsche,
Schwarzer Stein im Herzen des Mannes,
20 Meinem Herzen.
Du bist hinter dem Öl des gezuckerten Branntweins
auf meinem Tisch,
Das ich anzünde.
Es leuchtet mir vor der Ungeduld der Nacht,

25 Die den Geruch einer Frau hat, die zur Frau gemacht wurde.
Du bist hinter dem Schritt, der Leben und Leben trennt.
Wo bist du ? ...
(1956)

II Liebe im Wandel der Zeiten

Sarah Kirsch
Ich wollte meinen König töten

Ich wollte meinen König töten
Und wieder frei sein. Das Armband
Das er mir gab, den einen schönen Namen
Legte ich ab und warf die Worte
Weg die ich gemacht hatte: Vergleiche
Für seine Augen die Stimme die Zunge
Ich baute leergetrunkene Flaschen auf
Füllte Explosives ein – das sollte ihn
Für immer verjagen. Damit
Die Rebellion vollständig würde
Verschloß ich die Tür, ging
Unter Menschen, verbrüderte mich
In verschiedenen Häusern – doch
Die Freiheit wollte nicht groß werden
Das Ding Seele dies bourgeoise[1] Stück
Verharrte nicht nur, wurde milder
Tanzte wenn ich den Kopf
An gegen Mauern rannte. Ich ging
Den Gerüchten nach im Lande die
Gegen ihn sprachen, sammelte
Drei Bände Verfehlungen eine Mappe
Ungerechtigkeiten, selbst Lügen
Führte ich auf. Ganz zuletzt
Wollte ich ihn einfach verraten
Ich suchte ihn, den Plan zu vollenden
Küßte den anderen, dass meinem
König nichts widerführe
(1969)

---

[1] bürgerlich

II Liebe im Wandel der Zeiten

Christoph Meckel
Speisewagen

Sonne, vereist über schlohweißen Ebenen
des späten Winters! An solchen Tagen
fahrn wir im Speisewagen nach Punt und Sesam.
Du hast nie tolle Hüte getragen und hältst nichts
5 von Federn und Frou-Frou, doch du hast
weiße Handschuhe an im Speisewagen
und malst dir Honigmonde auf Mund und Lider.

Dies ist ein anderer Tag, und ich habe
Kognak getrunken im Speisewagen, allein
10 mit einem fleckigen Tischtuch; ich habe
den Schnee memoriert und die Liebe noch einmal
für möglich gehalten, obwohl deine Handschuhe
nicht mehr dieselben sind und kein Wort mehr da ist
für Honigmonde, und Punt, und Sesam.
(1974)

Reiner Kunze
Rudern zwei

Rudern zwei
ein boot,
der eine
kundig der sterne,
5 der andre
kundig der stürme,
wird der eine
führn durch die sterne,
wird der andre
10 führn durch die stürme,
und am ende ganz am ende
wird das meer in der erinnerung
blau sein
(1984)

Durs Grünbein
Wussten wir, was den Reigen in Gang hält?

Wussten wir, was den Reigen in Gang hält?
Dass Lieben einsamer macht,
Schien erwiesen. Jeder behielt ihn für sich,
Seinen Dorn, bis zur Unzeit
Das Blut die Verbände durchschlug. Selten
Blieb jemand unverletzt. Eher kroch
Ein Schmerz beim andern unter. Verlassen
Zu sein war das größte Übel,
Nichts zu fühlen im Frühling, wie amputiert
Vor defekten Riesenrädern ...
Wie uns der Wind in die Baumkronen hob,
Aus denen wir fallen sollten,
Glücklich, mit einem langen Himmelsschrei.
(1994)

Ulla Hahn
Liebeslied 2001

Leg dein Genom auf mein Genom
Komm Liebster lass uns eilen
ACTG – GTCA
Leg an die alten Meilen

5 Die Stiefel, komm, und gib den Sporn
Den neurohormonellen
Den Schleifen, die das Molekül
In deinen Schaltkreis schnellen

Wo Zellkern sich mit
10 Zellkern paart im Maienkleide
Mein DNA dein DNA
Auf immergrüner Heide

Entschlüsseln wir uns Gen für Gen
Mit schöpferischem Triebe
15 Mit evolutionärer Kraft und
Großem L @ iebe.
(2004)

III Männerbilder – Frauenbilder

Christian Hoffmann von Hoffmanswaldau
Beschreibung vollkommener Schönheit

Ein Haar, so kühnlich Trotz der Berenice[1] spricht,
Ein Mund, der Rosen führt und Perlen in sich heget,
Ein Zünglein, so ein Gift vor tausend Herzen träget,
Zwo Brüste, wo Rubin durch Alabaster[2] bricht,

Ein Hals, der Schwanenschnee weit, weit zurücke sticht,   5
Zwei Wangen, wo die Pracht der Flora[3] sich beweget,
Ein Blick, der Blitze führt und Männer niederleget,
Zwei Armen, deren Kraft oft Leuen[4] hingerich't,

Ein Herz, aus welchem nichts als mein Verderben quillet,
Ein Wort, so himmlisch ist und mich verdammen kann,   10
Zwei Hände, deren Grimm mich in den Bann getan

Und durch ein süßes Gift die Seele selbst umhüllet,
Ein Zierrat, wie es scheint, im Paradies gemacht,
Hat mich um meinen Witz und meine Freiheit bracht.
(1695)

---

1 Gemahlin eines ägyptischen Königs, die aus Dankbarkeit über dessen Rückkehr aus dem Krieg ihr schönes Haar der Aphrodite widmete.
2 häufig vorkommende Gipsart, die eine gewisse Ähnlichkeit mit Marmor aufweist
3 (röm.) Göttin der Blumen und Blüten
3 veraltet für: Löwe

Johann Wolfgang von Goethe
Heidenröslein

Sah ein Knab' ein Röslein stehn,
Röslein auf der Heiden,
War so jung und morgenschön,
Lief er schnell, es nah zu sehn
5 Sah's mit vielen Freuden.
Röslein, Röslein, Röslein rot,
Röslein auf der Heiden.

Knabe sprach: Ich breche dich,
Röslein auf der Heiden!
10 Röslein sprach: Ich steche dich,
Dass du ewig denkst an mich,
Und ich will's nicht leiden.
Röslein, Röslein, Röslein rot,
Röslein auf der Heiden.

15 Und der wilde Knabe brach
's Röslein auf der Heiden;
Röslein wehrte sich und stach,
Half ihm doch kein Weh und Ach,
Musst' es eben leiden.
20 Röslein, Röslein, Röslein rot,
Röslein auf der Heiden.
(1771)

Friedrich Schiller
Die Begegnung

Noch seh' ich sie – umringt von ihren Frauen,
Die herrlichste von allen stand sie da,
Wie eine Sonne war sie anzuschauen;
Ich stand von fern und wagte mich nicht nah,
Es fasste mich mit wollustvollem Grauen,
Als ich den Glanz vor mir verbreitet sah;
Doch schnell, als hätten Flügel mich getragen,
Ergriff es mich, die Saiten anzuschlagen.

Was ich in jenem Augenblick empfunden
Und was ich sang; vergebens sinn' ich nach;
Ein neu Organ hatt' ich in mir gefunden,
Das meines Herzens heil'ge Regung sprach;
Die Seele war's, die, jahrelang gebunden,
Durch alle Fesseln jetzt auf einmal brach
Und Töne fand in ihren tiefsten Tiefen,
Die ungeahnt und göttlich in ihr schliefen.

Und als die Saiten lange schon geschwiegen,
Die Seele endlich mir zurücke kam,
Da sah ich in den engelgleichen Zügen
Die Liebe ringen mit der holden Scham,
Und alle Himmel glaubt' ich zu erfliegen,

Als ich das leise süße Wort vernahm –
O droben nur in sel'gen Geister Chören
Werd' ich des Tones Wohllaut wieder hören!
»Das treue Herz, das trostlos sich verzehrt
Und still bescheiden nie gewagt, zu sprechen –
Ich kenne den ihm selbst verborgnen Wert,
Am rohen Glück will ich das Edle rächen.
Dem Armen sei das schönste Los beschert,
Nur Liebe darf der Liebe Blume brechen.
Der schönste Schatz gehört dem Herzen an,
Das ihn erwidern und empfinden kann.«
(1797)

III Männerbilder – Frauenbilder

Joseph von Eichendorff
Waldgespräch

Es ist schon spät, es wird schon kalt,
was reitest du einsam durch den Wald?
Der Wald ist lang, du bist allein,
du schöne Braut! Ich führ dich heim!

5 »Groß ist der Männer Trug und List,
vor Schmerz mein Herz gebrochen ist,
wohl irrt das Waldhorn her und hin,
o flieh! Du weißt nicht, wer ich bin.«

So reich geschmückt ist Ross und Weib,
10 so wunderschön der junge Leib!
Jetzt kenn ich dich – Gott steh mir bei!
Du bist die Hexe Loreley.

»Du kennst mich wohl – vom hohen Stein
schaut still mein Schloss tief in den Rhein.
15 Es ist schon spät, es wird schon kalt;
kommst nimmermehr aus diesem Wald!«
(um 1812)

Heinrich Heine
(Ich weiß nicht, was soll es bedeuten)

Ich weiß nicht, was soll es bedeuten,
dass ich so traurig bin;
ein Märchen aus alten Zeiten,
das kommt mir nicht aus dem Sinn.

Die Luft ist kühl und es dunkelt,
und ruhig fließt der Rhein;
der Gipfel des Berges funkelt
im Abendsonnenschein.

Die schönste Jungfrau sitzet
dort oben wunderbar;
ihr goldnes Geschmeide blitzet,
sie kämmt ihr goldenes Haar.

Sie kämmt es mit goldenem Kamme
und singt ein Lied dabei;
das hat eine wundersame,
gewaltige Melodei.

Den Schiffer im kleinen Schiffe
ergreift es mit wildem Weh;
er schaut nicht die Felsenriffe,
er schaut nur hinauf in die Höh.

Ich glaube, die Wellen verschlingen
am Ende Schiffer und Kahn;
und das hat mit ihrem Singen
die Lore Ley getan.
(1823/1824)

Adelbert von Chamisso
Frauenliebe und -leben

1.
Er, der Herrlichste von allen,
  Wie so milde, wie so gut!
Holde Lippen, klares Auge,
  Heller Sinn und fester Mut.

⁵ So wie dort in blauer Tiefe,
  Hell und herrlich, jener Stern,
Also er an meinem Himmel,
  Hell und herrlich, hoch und fern.

Wandle, wandle deine Bahnen;
¹⁰ Nur betrachten deinen Schein,
Nur in Demut ihn betrachten,
  Selig nur und traurig sein!

2.
Höre nicht mein stilles Beten,
  Deinem Glücke nur geweiht;
¹⁵ Darfst mich niedre Magd nicht kennen,
  Hoher Stern der Herrlichkeit!

Nur die Würdigste von allen
  Soll beglücken deine Wahl,
Und ich will die Hohe segnen
²⁰ Segnen viele tausend Mal.

Will mich freuen dann und weinen,
  Selig, selig bin ich dann;
Sollte mir das Herz auch brechen,
  Brich, o Herz, was liegt daran.
(1829)

Rainer Maria Rilke
Mädchen, Dichter sind, die von euch lernen

Mädchen, Dichter sind, die von euch lernen
das *zu sagen*, was ihr einsam *seid*;
und sie lernen leben an euch Fernen,
wie die Abende an großen Sternen
sich gewöhnen an die Ewigkeit.

Keine darf sich je dem Dichter schenken,
wenn sein Auge auch um Frauen bat;
denn er kann euch nur als Mädchen denken:
das Gefühl in euren Handgelenken
würde brechen von Brokat.

Lasst ihn einsam sein in seinem Garten,
wo er euch wie Ewige empfing
auf den Wegen, die er täglich ging,
bei den Bänken, welche schattig warten,
und im Zimmer, wo die Laute hing.

Geht! ... es dunkelt. Seine Sinne suchen
eure Stimme und Gestalt nicht mehr.
Und die Wege liebt er lang und leer
und kein Weißes unter dunklen Buchen, –
und die stumme Stube liebt er sehr.
... Eure Stimmen hört er ferne gehn
(unter Menschen, die er müde meidet)
und: sein zärtliches Gedenken leidet
im Gefühle, dass euch viele sehn.
(1902/1906)

Bertolt Brecht
Erinnerung an die Marie A.

1

An jenem Tag im blauen Mond September
Still unter einem jungen Pflaumenbaum
Da hielt ich sie, die stille bleiche Liebe
In meinem Arm wie einen holden Traum.
5 Und über uns im schönen Sommerhimmel
War eine Wolke, die ich lange sah
Sie war sehr weiß und ungeheuer oben
Und als ich aufsah, war sie nimmer da.

2

Seit jenem Tag sind viele, viele Monde
10 Geschwommen still hinunter und vorbei.
Die Pflaumenbäume sind wohl abgehauen
Und fragst du mich, was mit der Liebe sei?
So sag ich dir: ich kann mich nicht erinnern
Und doch, gewiß, ich weiß schon, was du meinst.
15 Doch ihr Gesicht, das weiß ich wirklich nimmer
Ich weiß nur mehr: ich küßte es dereinst.

3

Und auch den Kuß, ich hätt ihn längst vergessen
Wenn nicht die Wolke dagewesen wär
Die weiß ich noch und werd ich immer wissen
20 Sie war sehr weiß und kam von oben her.
Die Pflaumenbäume blühn vielleicht noch immer
Und jene Frau hat jetzt vielleicht das siebte Kind
Doch jene Wolke blühte nur Minuten
Und als ich aufsah, schwand sie schon im Wind.
(1920)

Karin Kiwus
Im ersten Licht

Wenn wir uns gedankenlos getrunken haben
aus einem langen Sommerabend
in eine kurze heiße Nacht
wenn die Vögel dann früh
davonjagen aus gedämpften Färbungen
in den hellen tönenden frischgespannten Himmel

wenn ich dann über mir in den Lüften
weit und feierlich mich dehne
in den mächtigen Armen meiner Toccata

wenn du dann neben mir im Bett
deinen ausladenden Klangkörper bewegst
dich dumpf aufrichtest und zur Tür gehst

und wenn ich dann im ersten Licht
deinen fetten Arsch sehe
deinen Arsch
verstehst du
deinen trüben verstimmten ausgeleierten Arsch

dann weiß ich wieder
dass ich dich nicht liebe
wirklich
dass ich dich einfach nicht liebe
(1976)

Ulla Hahn
Verbesserte Auflage

Nur noch wenige Schritte dann
wird sie ihm wieder gehören hören
beschwören sein Lied das ohne sie
ihm versiegt. Hals Nase Ohren
5 die Augen die Haare den Mund
und so weiter wie
will er sie preisen allein
zu ihrem ewigen Ruhm.
Als eine Stimme anhebt.
10 Orpheus hört:
die zum Lauschen Bestellte fällt
singend ihm in den Rücken.
Da
dreht er sich um und
15 da
gleitet aus seinen verwirrten Händen
die Leier. Die Euridike aufhebt
und im Hinausgehn schlägt in noch
leise verhaltenen Tönen. Hals Nase Ohren
20 die Augen die Haare den Mund
und so weiter wie
will sie ihn preisen allein
zu seinem ewigen Ruhm.
Ob Orpheus ihr folgte
25 lassen die Quellen
im Trüben.
(1981)

Doris Runge
du also

mit deiner schiebermütze
deiner schwarzen hornbrille
im schlotternden
englischen cord
in pferdeschuhen
mit pfeifendem atem
du hier
im gemüseladen
um die ecke
nur ein kleiner schwindel
ein fliegendes herz
ein griff nach der kehle
du also
(2003)

IV Dichterliebe und -leben

Johann Wolfgang von Goethe
Willkommen und Abschied

Es schlug mein Herz, geschwind zu Pferde!
Es war getan fast eh gedacht.
Der Abend wiegte schon die Erde,
Und an den Bergen hing die Nacht:
5 Schon stand im Nebelkleid die Eiche,
Ein aufgetürmter Riese, da,
Wo Finsternis aus dem Gesträuche
Mit hundert schwarzen Augen sah.

Der Mond von einem Wolkenhügel
10 Sah kläglich aus dem Duft hervor,
Die Winde schwangen leise Flügel,
Umsausten schauerlich mein Ohr;
Die Nacht schuf tausend Ungeheuer,
Doch frisch und fröhlich war mein Mut:
15 In meinen Adern welches Feuer!
In meinem Herzen welche Glut!

Dich sah ich, und die milde Freude
Floss von dem süßen Blick auf mich;
Ganz war mein Herz an deiner Seite
20 Und jeder Atemzug für dich.
Ein rosenfarbnes Frühlingswetter
Umgab das liebliche Gesicht,
Und Zärtlichkeit für mich – ihr Götter!
Ich hofft es, ich verdient es nicht!

25 Doch ach, schon mit der Morgensonne
Verengt der Abschied mir das Herz:
In deinen Küssen welche Wonne!
In deinem Auge welcher Schmerz!
Ich ging, du standst und sahst zur Erden,

Und sahst mir nach mit nassem Blick:
Und doch, welch Glück, geliebt zu werden!
Und lieben, Götter, welch ein Glück!
(1789)

Johann Wolfgang von Goethe
Warum gabst du uns die tiefen Blicke[1]

Warum gabst du uns die tiefen Blicke,
Unsere Zukunft ahndungsvoll zu schaun,
Unsrer Liebe, unserm Erdenglücke
Wähnend selig nimmer hinzutraun?
Warum gabst uns, Schicksal, die Gefühle,
Uns einander in das Herz zu sehn,
Um durch all' die seltenen Gewühle
Unser wahr Verhältnis auszuspähn?

Ach, so viele tausend Menschen kennen
Dumpf sich treibend, kaum ihr eigen Herz,
Schweben zwecklos hin und her und rennen
Hoffnungslos in unversehnem Schmerz;
Jauchzen wieder, wenn der schnellen Freuden
Unerwart'te Morgenröte tagt.
Nur uns armen liebevollen beiden
Ist das wechselseit'ge Glück versagt,
Uns zu lieben, ohn' uns zu verstehen,
In dem andern sehn, was er nie war,
Immer frisch auf Traumglück auszugehen
Und zu schwanken auch in Traumgefahr.

Glücklich, den ein leerer Traum beschäftigt!
Glücklich, dem die Ahndung eitel wär'!
Jede Gegenwart und jeder Blick bekräftigt
Traum und Ahndung leider uns noch mehr.
Sag', was will das Schicksal uns bereiten?
Sag', wie band es uns so rein genau?

---
1 am 14.4.1776 an Frau von Stein gesandt

Ach, du warst in abgelebten Zeiten
Meine Schwester oder meine Frau.

Kanntest jeden Zug in meinem Wesen,
30 Spähtest, wie die reinste Nerve klingt,
Konntest mich mit Einem Blicke lesen,
Den so schwer ein sterblich Aug' durchdringt.
Tropftest Mäßigung dem heißen Blute,
Richtetest den wilden irren Lauf,
35 Und in deinen Engelsarmen ruhte
Die zerstörte Brust sich wieder auf;

Hieltest zauberleicht ihn angebunden
Und vergaukeltest ihm manchen Tag.
Welche Seligkeit glich jenen Wonnestunden,
40 Da er dankbar dir zu Füßen lag,
Fühlt' sein Herz an deinem Herzen schwellen,
Fühlte sich in deinem Auge gut,
Alle seine Sinnen sich erhellen
Und beruhigen sein brausend Blut!

45 Und von allem dem schwebt ein Erinnern
Nur noch um das ungewisse Herz,
Fühlt die alte Wahrheit ewig gleich im Innern,
Und der neue Zustand wird ihm Schmerz.
Und wir scheinen nun nur halb beseelet,
50 Dämmernd ist um uns der hellste Tag
Glücklich, dass das Schicksal, das uns quälet
Uns doch nicht verändern mag.
(1776)

IV Dichterliebe und -leben

Friedrich Hölderlin
Der Abschied

Trennen wollten wir uns? wähnten es gut und klug?
  Da wir's taten, warum schröckte, wie Mord, die Tat?
    Ach! wir kennen uns wenig,
      Denn es waltet ein Gott in uns.

Den verraten? ach ihn, welcher uns alles erst,
  Sinn und Leben erschuf, ihn, den beseelenden
    Schutzgott unserer Liebe,
      Dies, dies Eine vermag ich nicht.

Aber anderen Fehl denket der Menschen Sinn,
  Andern ehernen Dienst übt er und anders Recht,
    Und es fordert die Seele
      Tag für Tag der Gebrauch uns ab.

Wohl! ich wusst es zuvor. Seit der gewurzelte
  Allentzweiende Hass Götter und Menschen trennt,
    Muss, mit Blut sie zu sühnen,
      Muss der Liebenden Herz vergehn.

Lass mich schweigen! o lass nimmer von nun an mich
  Dieses Tödliche sehn, dass ich im Frieden doch
    Hin ins Einsame ziehe,
      Und noch unser der Abschied sei!

Reich die Schale mir selbst, dass ich des rettenden
  Heilgen Giftes genug, dass ich des Lethetranks
    Mit dir trinke, dass alles,
      Hass und Liebe, vergessen sei!

Hingehn will ich. Vielleicht seh ich in langer Zeit
  Diotima! dich hier. Aber verblutet ist
    Dann das Wünschen und friedlich
      Gleich den Seligen, fremd sind wir,

Und ein ruhig Gespräch führet uns auf und ab,
30   Sinnend, zögernd, doch itzt fasst die Vergessenen
     Hier die Stelle des Abschieds,
        Es erwarmet ein Herz in uns,

Staunend seh ich dich an, Stimmen und süßen Sang,
35   Wie aus voriger Zeit hör ich und Saitenspiel,
     Und die Lilie duftet
        Golden über den Bach nur auf.
(1799)

IV Dichterliebe und -leben

Eduard Mörike
Peregrina

I
Der Spiegel dieser treuen, braunen Augen
Ist wie von innerm Gold ein Widerschein;
Tief aus dem Busen scheint ers anzusaugen,
Dort mag solch Gold in heilgem Gram gedeihn.
In diese Nacht des Blickes mich zu tauchen,
Unwissend Kind, du selber lädst mich ein –
Willst, ich soll kecklich mich und dich entzünden,
Reichst lächelnd mir den Tod im Kelch der Sünden!

III
Ein Irrsal kam in die Mondscheingärten
Einer einst heiligen Liebe.
Schaudernd entdeckt ich verjährten Betrug.
Und mit weinendem Blick, doch grausam,
Hieß ich das schlanke,
Zauberhafte Mädchen
Ferne gehen von mir.
Ach, ihre hohe Stirn
War gesenkt, denn sie liebte mich;
Aber sie zog mit Schweigen
Fort in die graue
Welt hinaus.

Krank seitdem,
Wund ist und wehe mein Herz.
Nimmer wird es genesen!

Als ginge, luftgesponnen, ein Zauberfaden
Von ihr zu mir, ein ängstig Band,
So zieht es, zieht mich schmachtend ihr nach!
– Wie? wenn ich eines Tags auf meiner Schwelle
Sie sitzen fände, wie einst, im Morgen-Zwielicht,
Das Wanderbündel neben ihr,
Und ihr Auge, treuherzig zu mir aufschauend,

Sagte, da bin ich wieder
Hergekommen aus weiter Welt!

IV
Warum, Geliebte, denk ich dein
Auf einmal nun mit tausend Tränen
35 Und kann gar nicht zufrieden sein
Und will die Brust in alle Weite dehnen?

Ach, gestern in den hellen Kindersaal,
Beim Flimmer zierlich aufgesteckter Kerzen,
Wo ich mein Selbst vergaß in Lärm und Scherzen,
40 Tratst du, o Bildnis mitleid-schöner Qual;
Es war dein Geist, er setzte sich ans Mahl,
Fremd saßen wir mit stumm verhaltnen Schmerzen;
Zuletzt brach ich in lautes Schluchzen aus,
Und Hand in Hand verließen wir das Haus.

V
45 Die Liebe, sagt man, steht am Pfahl gebunden,
Geht endlich arm, zerrüttet, unbeschuht;
Dies edle Haupt hat nicht mehr, wo es ruht,
Mit Tränen netzet sie der Füße Wunden.

Ach, Peregrinen hab ich so gefunden!
50 Schön war ihr Wahnsinn, ihrer Wange Glut,
Noch scherzend in der Frühlingsstürme Wut
Und wilde Kränze in das Haar gewunden.

Wars möglich, solche Schönheit zu verlassen?
– So kehrt nur reizender das alte Glück!
55 O komm, in diese Arme dich zu fassen!

Doch weh! o weh! was soll mir dieser Blick?
Sie küsst mich zwischen Lieben noch und Hassen,
Sie kehrt sich ab und kehrt mir nie zurück.
(1824)

IV Dichterliebe und -leben

Annette von Droste-Hülshoff
An Levin Schücking

O frage nicht, was mich so tief bewegt,
Seh ich dein junges Blut so freudig wallen,
Warum, an deine klare Stirn gelegt,
Mir schwere Tropfen aus den Wimpern fallen.

Mich träumte einst, ich sei ein albern Kind, 5
Sich emsig mühend an des Tisches Borden;
Wie übermächtig die Vokabeln sind,
Die wieder Hieroglyphen mir geworden!

Und als ich dann erwacht, da weint ich heiß,
Dass mir so klar und nüchtern jetzt zu Mute, 10
Dass ich so schrankenlos und überweis',
So ohne Furcht vor Schelten und vor Rute.

So, wenn ich schaue in dein Antlitz mild,
Wo tausend frische Lebenskeime walten,
Da ist es mir, als ob Natur mein Bild 15
Mir aus dem Zauberspiegel vorgehalten;

Und all mein Hoffen, meiner Seele Brand
Und meiner Liebessonne dämmernd Scheinen,
Was noch entschwinden wird und was entschwand,
Das muss ich alles dann in dir beweinen. 20
(1844)

Else Lasker-Schüler
Höre

Ich raube in den Nächten
Die Rosen deines Mundes,
Dass keine Weibin Trinken findet.

Die dich umarmt,
5 Stiehlt mir von meinen Schauern
Die ich um deine Glieder malte.

Ich bin dein Wegrand.
Die dich streift,
Stürzt ab.

10 Fühlst du mein Lebtum
Überall
Wie ferner Saum?
(1912/1913)

IV Dichterliebe und -leben

Gottfried Benn
Hier ist kein Trost

Keiner wird mein Wegrand sein.
Laß deine Blüten nur verblühen.
Mein Weg flutet und geht allein.

Zwei Hände sind eine zu kleine Schale.
Ein Herz ist ein zu kleiner Hügel,
um dran zu ruhn,

Du, ich lebe immer am Strand
und unter dem Blütenfall des Meeres,
Ägypten liegt vor meinem Herzen,
Asien dämmert auf.

Mein einer Arm liegt immer im Feuer.
Mein Blut ist Asche. Ich schluchze immer
vorbei an Brüsten und Gebeinen
den tyrrhenischen[1] Inseln zu:

Dämmert ein Tal mit weißen Pappeln
ein Ilyssos[2] mit Wiesenufern
Eden und Adam und eine Erde
aus Nihilismus und Musik.
(1912/1913)

---
1 mittelmeerische Inseln
2 Fluss in Griechenland

V »Seit du von mir gefahren« – die verlassene Geliebte

Dietmar von Eist
Slâfest du, friedel ziere?

›Slâfest du, friedel ziere?
man wecket uns leider schiere:
ein vogellîn sô wol getân
daz ist der linden an das zwî gegân.‹

5 ›Ich was vil sanfte entslâfen,
nu rüefstu, kint, wâfen.
liep âne leit mac niht gesîn.
swaz dô gebiutst, daz leiste ich, friundîn mîn.‹

Diu vrouwe begunde weinen:
10 ›du rîtest und lâst mich eine.
wenne wilst du wider her zuo mir?
owê, du füerest mîn fröide sament dir!‹
(vor 1171)

»Schläfst du noch, mein schöner Geliebter?
Man weckt uns leider bald.
Ein hübscher kleiner Vogel hat sich bereits
auf den Zweig der Linde gesetzt.«

5 »Ich war sanft eingeschlafen,
nun rufst du, Kind, ›auf, auf!‹.
Liebe ohne Leid kann es nicht geben.
Was immer du befiehlst, das tue ich, meine Freundin.«

Die Dame begann zu weinen:
10 »Du reitest fort und lässt mich allein zurück.
Wann wirst du wieder zu mir kommen?
Ach, du nimmst mein Glück mit dir fort.«
Übersetzung: Ulrich Müller

V »Seit du von mir gefahren« – die verlassene Geliebte

Unbekannter Verfasser
Ich hort ein sichellin rauschen

Ich hort ein sichellin rauschen
wol rauschen durch das korn,
ich hort ein feine magt klagen,
sie het ir lieb verlorn.

»La rauschen, lieb, la rauschen!
Ich acht nit wie es ge;
ich hab mir ein bulen erworben
in feiel und grünen kle.«

»Hast du ein bulen erworben
in feiel und grünen kle,
so ste ich hie alleine,
tut meinem herzen we.«
(Mitte des 16. Jahrhunderts)

V »Seit du von mir gefahren« – die verlassene Geliebte

Clemens Brentano
Der Spinnerin Nachtlied

Es sang vor langen Jahren
Wohl auch die Nachtigall,
Das war wohl süßer Schall,
Da wir zusammen waren.

5 Ich sing' und kann nicht weinen,
Und spinne so allein
Den Faden klar und rein
So lang der Mond wird scheinen.

Als wir zusammen waren
10 Da sang die Nachtigall
Nun mahnet mich ihr Schall
Dass du von mir gefahren.

So oft der Mond mag scheinen,
Denk' ich wohl dein allein,
15 Mein Herz ist klar und rein,
Gott wolle uns vereinen.

Seit du von mir gefahren,
Singt stets die Nachtigall,
Ich denk' bei ihrem Schall,
20 Wie wir zusammen waren.

Gott wolle uns vereinen
Hier spinn' ich so allein,
Der Mond scheint klar und rein,
Ich sing' und möchte weinen.
(1802)

V »Seit du von mir gefahren« – die verlassene Geliebte

Karoline von Günderode
Die eine Klage

Wer die tiefste aller Wunden
Hat in Geist und Sinn empfunden,
Bittrer Trennung Schmerz;
Wer geliebt, was er verloren,
Lassen muss, was er erkoren, 5
Das geliebte Herz,

Der versteht in Lust die Tränen
Und der Liebe ewig Sehnen,
Eins in zwei zu sein,
Eins im andern sich zu finden, 10
Dass der Zweiheit Grenzen schwinden
Und des Daseins Pein.

Wer so ganz in Herz und Sinnen
Konnt' ein Wesen lieb gewinnen,
Oh! den tröstet's nicht, 15
Dass für Freuden, die verloren,
Neue werden neu geboren:
Jene sind's doch nicht.

Das geliebte süße Leben,
Dieses Nehmen und dies Geben, 20
Wort und Sinn und Blick,
Dieses Suchen und dies Finden,
Dieses Denken und Empfinden
Gibt kein Gott zurück.
(1804)

V »Seit du von mir gefahren« – die verlassene Geliebte

Eduard Mörike
Das verlassene Mägdlein

Früh, wann die Hähne krähn,
Eh die Sternlein verschwinden,
Muss ich am Herde stehn,
Muss Feuer zünden.

5 Schön ist der Flammen Schein,
Es springen die Funken;
Ich schaue so drein,
In Leid versunken.

Plötzlich, da kommt es mir,
10 Treuloser Knabe,
Dass ich die Nacht von dir
Geträumet habe.

Träne auf Träne dann
Stürzet hernieder;
15 So kommt der Tag heran –
O ging er wieder!
(1829)

V »Seit du von mir gefahren« – die verlassene Geliebte

Gertrud Kolmar
Die Verlassene

An K. J.

Du irrst dich. Glaubst du, dass du fern bist
Und dass ich dürste und dich nicht mehr finden kann?
Ich fasse dich mit meinen Augen an,
Mit diesen Augen, deren jedes finster und ein Stern ist.

Ich zieh dich unter dieses Lid 5
Und schließ es zu und du bist ganz darinnen.
Wie willst du gehn aus meinen Sinnen,
Dem Jägergarn, dem nie ein Wild entflieht?

Du lässt mich nicht aus deiner Hand mehr fallen
Wie einen welken Strauß, 10
Der auf die Straße niederweht, vorm Haus
Zertreten und bestäubt von allen.

Ich hab dich lieb gehabt. So lieb.
Ich habe so geweint ... mit heißen Bitten ...
Und liebe dich noch mehr, weil ich um dich gelitten, 15
Als deine Feder keinen Brief, mir keinen Brief mehr schrieb.
Ich nannte Freund und Herr und Leuchtturmwächter
Auf schmalem Inselstrich,
Den Gärtner meines Früchtegartens dich,
Und waren tausend weiser, keiner war gerechter. 20

Ich spürte kaum, dass mir der Hafen brach,
Der meine Jugend hielt – und kleine Sonnen,
Dass sie vertropft, in Sand verronnen.
Ich stand und sah dir nach.

Dein Durchgang blieb in meinen Tagen, 25
Wie Wohlgeruch in einem Kleide hängt,
Den es nicht kennt, nicht rechnet, nur empfängt,
Um immer ihn zu tragen.
(um 1930)

Ingeborg Bachmann
Eine Art Verlust

Gemeinsam benutzt: Jahreszeiten, Bücher und eine Musik.
Die Schlüssel, die Teeschalen, den Brotkorb, Leintücher
und ein Bett.
Eine Aussteuer von Worten, von Gesten, mitgebracht,
5 verwendet, verbraucht.
Eine Hausordnung beachtet. Gesagt. Getan. Und immer
die Hand gereicht.

In Winter, in ein Wiener Septett und in Sommer habe ich
mich verliebt.
10 In Landkarten, in ein Bergnest, in einen Strand und in ein Bett.
Einen Kult getrieben mit Daten, Versprechen für
unkündbar erklärt,
angehimmelt ein Etwas und fromm gewesen vor einem Nichts,

(– der gefalteten Zeitung, der kalten Asche, dem Zettel
15 mit einer Notiz)
furchtlos in der Religion, denn die Kirche war dieses Bett.

Aus dem Seeblick hervor ging meine unerschöpfliche Malerei.
Von dem Balkon herab waren die Völker, meine Nachbarn,
zu grüßen.
20 Am Kaminfeuer, in der Sicherheit, hatte mein Haar seine
äußerste Farbe.
Das Klingeln an der Tür war der Alarm für meine Freude.

Nicht dich habe ich verloren,
sondern die Welt.
(1964/1967)

Sarah Kirsch
Bei den Stiefmütterchen

Bei den weißen Stiefmütterchen
im Park wie er's mir auftrug
stehe ich unter der Weide
ungekämmte Alte blattlos
siehst du sagt sie er kommt nicht

Ach sage ich er hat sich den Fuß gebrochen
eine Gräte verschluckt, eine Straße
wurde plötzlich verlegt oder
er kann seiner Frau nicht entkommen
viele Dinge hindern uns Menschen

Die Weide wiegt sich und knarrt
kann auch sein er ist schon tot
sah blaß aus als er dich untern Mantel küßte
kann sein Weide kann sein
so wollen wir hoffen er liebt mich nicht mehr
(1967)

Ulla Hahn
Mit Haut und Haar

Ich zog dich aus der Senke deiner Jahre
und tauchte dich in meinen Sommer ein
ich leckte dir die Hand und Haut und Haare
und schwor dir ewig mein und dein zu sein.

5 Du wendetest mich um. Du branntest mir dein Zeichen
mit sanftem Feuer in das dünne Fell.
Da ließ ich von mir ab. Und schnell
begann ich vor mir selbst zurückzuweichen

und meinem Schwur. Anfangs blieb noch Erinnern
10 ein schöner Überrest der nach mir rief.
Da aber war ich schon in deinem Innern
vor mir verborgen. Du verbargst mich tief.

Bis ich ganz in dir aufgegangen war:
da spucktest du mich aus mit Haut und Haar.
(1981)

VI »Erklär mir, Liebe« – Nachdenken über Liebe

Sibylla Schwarz
Liebe schont der Götter nicht

Liebe schont der Götter nicht /
sie kann alles überwinden /
sie kann alle Herzen binden /
durch der Augen klares Licht.
Selbst des Phebus Herze bricht /
seine Klarheit muss verschwinden /
er kann keine Ruhe finden /
weil der Pfeil noch in ihm sticht.
Jupiter ist selbst gebunden /
Herkules ist überwunden
durch die bittersüße Pein;
wie dann können doch die Herzen
bloßer Menschen dieser Schmerzen
ganz und gar entübrigt sein?
(1650)

VI »Erklär mir, Liebe« – Nachdenken über Liebe

Ludwig Christoph Heinrich Hölty
Die Liebe

Eine Schale des Harms, eine der Freuden wog
Gott dem Menschengeschlecht; aber der lastende
   Kummer senket die Schale;
      Immer hebet die andre sich.

5 Irren, traurigen Tritts wanken wir unsern Weg
Durch das Leben hinab, bis sich die Liebe naht,
   Eine Fülle der Freuden
      In die steigende Schale geußt.

Wie dem Pilger der Quell silbern entgegenrinnt,
10 Wie der Regen des Mais über die Blüten träuft,
   Naht die Liebe; des Jünglings
      Seele zittert und huldigt ihr!

Nähm er Kronen und Gold, misste der Liebe? Gold
Ist ihm fliegende Spreu, Kronen ein Flittertand,
15   Alle Hoheit der Erde,
      Sonder herzliche Liebe, Staub!

Los der Engel! Kein Sturm düstert die Seelenruh
Des Beglückten! Der Tag hüllt sich in lichters Blau;
   Kuss und Flüstern und Lächeln
20   Flügelt Stunden an Stunden fort.

Herrscher neideten ihn, kosteten sie des Glücks,
Das dem Liebenden ward, würfen den Königsstab
   Aus den Händen und suchten
      Sich ein friedliches Hüttendach.

25 Unter Rosengesträuch spielet ein Quell und mischt
Zum begegnenden Bach Silber. So strömen flugs
   Seel und Seele zusammen,
      Wann allmächtige Liebe naht.
(1774)

Matthias Claudius
Die Liebe

Die Liebe hemmet nichts; sie kennt nicht Tür noch Riegel
Und dringt durch alles sich;
Sie ist ohn Anbeginn, schlug ewig ihre Flügel
Und schlägt sie ewiglich.
(1797)

Karoline von Günderode
Liebe

O reiche Armut! Gebend, seliges Empfangen!
In Zagheit Mut! in Freiheit doch gefangen.
In Stummheit Sprache,
Schüchtern bei Tage,
Siegend mit zaghaftem Bangen.   5

Lebendiger Tod, im Einen sel'ges Leben
Schwelgend in Not, im Widerstand ergeben.
Genießend schmachten,
Nie satt betrachten
Leben im Traum und doppelt Leben.   10
(1804)

VI »Erklär mir, Liebe« – Nachdenken über Liebe

Friedrich Hölderlin
Die Liebe

Wenn ihr Freunde vergesst, wenn ihr die Euern all,
   O ihr Dankbaren, sie, euere Dichter schmäht,
      Gott vergeb' es, doch ehret
         Nur die Seele der Liebenden.

5 Denn o saget, wo lebt menschliches Leben sonst,
   Da die knechtische jetzt alles, die Sorge, zwingt?
      Darum wandelt der Gott auch
         Sorglos über dem Haupt uns längst.

Doch, wie immer das Jahr kalt und gesanglos ist
10   Zur beschiedenen Zeit, aber aus weißem Feld
      Grüne Halme doch sprossen,
         Oft ein einsamer Vogel singt,

Wenn sich mählig der Wald dehnet, der Strom sich regt,
   Schon die mildere Luft leise von Mittag weht
15   Zur erlesenen Stunde,
         So ein Zeichen der schönern Zeit,

Die wir glauben, erwächst einziggenügsam noch,
   Einzig edel und fromm über dem ehernen,
      Wilden Boden die Liebe,
20   Gottes Tochter, von ihm allein.

Sei gesegnet, o sei, himmlische Pflanze, mir
   Mit Gesange gepflegt, wenn des ätherischen
      Nektars Kräfte dich nähren,
         Und der schöpfrische Strahl dich reift.

25 Wachs und werde zum Wald! eine beseeltere,
   Vollentblühende Welt! Sprache der Liebenden
      Sei die Sprache des Landes,
         Ihre Seele der Laut des Volks!
(1800)

VI »Erklär mir, Liebe« – Nachdenken über Liebe

Ludwig Tieck
Wunder der Liebe

> Mondbeglänzte Zaubernacht,
> Die den Sinn gefangen hält,
> Wundervolle Märchenwelt,
> Steig auf in der alten Pracht!

Liebe lässt sich suchen, finden,
Niemals lernen oder lehren,
Wer da will die Flamm entzünden,
Ohne selbst sich zu verzehren,
Muss sich reinigen der Sünden.
Alles schläft, weil er noch wacht,
Wann der Stern der Liebe lacht,
Goldne Augen auf ihn blicken,
Schaut er trunken von Entzücken
Mondbeglänzte Zaubernacht.

Aber nie darf er erschrecken,
Wenn sich Wolken dunkel jagen,
Finsternis die Sterne decken,
Kaum der Mond es noch will wagen,
Einen Schimmer zu erwecken.
Ewig steht der Liebe Zelt,
Von dem eignen Licht erhellt,
Aber Mut nur kann zerbrechen,
Was die Furcht will ewig schwächen,
Die den Sinn gefangen hält.

Keiner Liebe hat gefunden,
Dem ein trüber Ernst beschieden,
Flüchtig sind die goldnen Stunden,
Welche immer den vermieden,
Den die bleiche Sorg umwunden:
Wer die Schlange an sich hält,
Dem ist Schatten vorgestellt,
Alles was die Dichter sangen,

Nennt der Arme, eingefangen,
Wundervolle Märchenwelt.

35 Herz, im Glauben auferblühend,
Fühlt alsbald die goldnen Scheine,
Die es lieblich in sich ziehend
Macht zu eigen sich und seine,
In der schönsten Flamme glühend.
40 Ist das Opfer angefacht,
Wird's dem Himmel dargebracht;
Hat dich Liebe angenommen,
Auf dem Altar hell entglommen,
Steig auf in der alten Pracht.
(1803/1804)

VI »Erklär mir, Liebe« – Nachdenken über Liebe

Gottfried Benn
Liebe

Liebe – halten die Sterne
über den Küssen Wacht,
Meere – Eros der Ferne –
Rauschen, es rauscht die Nacht,
steigt um Lager, um Lehne,
eh' sich das Wort verlor,
Anadyomene[1]
ewig aus Muscheln vor.

Liebe – schluchzende Stunden
Dränge der Ewigkeit
löschen ohne viel Wunden
ein paar Monde der Zeit,
landen – schwärmender Glaube! –
Arche und Ararat[2]
sind dem Wasser zu Raube,
das keine Grenzen hat.

Liebe – du gibst die Worte
weiter, die dir gesagt,
Reigen – wie sind die Orte
von Verwehtem durchjagt,
Tausch – und die Stunden wandern
und die Flammen wenden sich,
zwischen Schauern von andern
gibst du und nimmst du dich.
(1927/28)

---
1 Beiname der Aphrodite
2 Berg in der Türkei

VI »Erklär mir, Liebe« – Nachdenken über Liebe

Ingeborg Bachmann
Erklär mir, Liebe

Dein Hut lüftet sich leis, grüßt, schwebt im Wind,
dein unbedeckter Kopf hat's Wolken angetan,
dein Herz hat anderswo zu tun,
dein Mund verleibt sich neue Sprachen ein,
das Zittergras im Land nimmt überhand,
Sternenblumen bläst der Sommer an und aus,
von Flocken blind erhebst du dein Gesicht,
du lachst und weinst und gehst an dir zugrund,
was soll dir noch geschehen –

Erklär mir, Liebe!

Der Pfau, in feierlichem Staunen, schlägt sein Rad,
die Taube stellt den Federkragen hoch,
vom Gurren überfüllt, dehnt sich die Luft,
der Entrich schreit, vom wilden Honig nimmt
das ganze Land, auch im gesetzten Park
hat jedes Beet ein goldner Staub umsäumt.

Der Fisch errötet, überholt den Schwarm
und stürzt durch Grotten ins Korallenbett.
Zur Silbersandmusik tanzt scheu der Skorpion.
Der Käfer riecht die Herrlichste von weit;
hätt ich nur seinen Sinn, ich fühlte auch,
dass Flügel unter ihrem Panzer schimmern,
und nähm den Weg zum fernen Erdbeerstrauch!

Erklär mir, Liebe!

Wasser weiß zu reden,
die Welle nimmt die Welle an der Hand,
im Weinberg schwillt die Traube, springt und fällt.
So arglos tritt die Schnecke aus dem Haus!

Ein Stein weiß einen andern zu erweichen!

Erklär mir, Liebe, was ich nicht erklären kann:
sollt ich die kurze schauerliche Zeit
nur mit Gedanken Umgang haben und allein
nichts Liebes kennen und nichts Liebes tun?
Muss einer denken? Wird er nicht vermisst?

Du sagst: es zählt ein andrer Geist auf ihn ...
Erklär mir nichts. Ich seh den Salamander
durch jedes Feuer gehen.
Kein Schauer jagt ihn, und es schmerzt ihn nichts.
(1956)

Hans Magnus Enzensberger
Call it love

Jetzt summen in den nackten Häusern die Körbe
auf und nieder
        lodern die Lampen
                betäubend
schlägt der April durchs gläserne Laub
springen den Frauen die Pelze im Park auf
ja über den Dächern preisen die Diebe den Abend
als hätte wie eine Taube aus weißem Batist
als hätte unvermutet und weiß und schimmernd
die Verschollene hinter den Bergen, den Formeln,
die Ausgewiesne auf den verwitterten Sternen,
ohne Gedächtnis verbannt
        ohne Paß ohne Schuhe
sich niedergelassen auf ihre bittern
todmüden Jäger
        Schön ist der Abend
(1957)

Paul Celan
Die Liebe, zwangsjackenschön

DIE LIEBE; zwangsjackenschön;
hält auf das Kranichpaar zu.

Wen, da er durchs Nichts fährt,
holt das Veratmete hier
in eine der Welten herüber?
(1968)

Reiner Kunze
Die Liebe

Die liebe
ist eine wilde rose in uns
Sie schlägt ihre wurzeln
in den augen,
wenn sie dem blick des geliebten begegnen
Sie schlägt ihre wurzeln
in den wangen,
wenn sie den hauch des geliebten spüren
Sie schlägt ihre wurzeln
in der haut des armes,
wenn ihn die hand des geliebten berührt
Sie schlägt ihre wurzeln,
wächst wuchert
und eines abends
oder eines morgens
fühlen wir nur:
sie verlangt
raum in uns

Die Liebe
ist eine wilde rose in uns,
unerforschbar vom verstand
und ihm nicht untertan
Aber der verstand
ist ein messer in uns

Der verstand
ist ein messer in uns,
zu schneiden der rose
durch hundert zweige
einen himmel
(1984)

VII »Und lass den Liebeslüsten freien Zügel ...«

Christian Hoffmann von Hoffmanswaldau
Albanie, gebrauche deiner Zeit

   Albanie, gebrauche deiner Zeit
Und lass den Liebeslüsten freien Zügel.
   Wenn uns der Schnee der Jahre hat beschneit,
So schmeckt kein Kuss, der Liebe wahres Siegel.
5   Im grünen Mai grünt nur der bunte Klee,
                 Albanie.

   Albanie, der schönen Augen Licht,
Der Leib und was auf den beliebten Wangen,
   Ist nicht vor dich, vor uns nur zugericht.
Die Äpfel, so auf deinen Brüsten prangen,
10   Sind unsre Lust und süße Anmutssee,
                 Albanie.

   Albanie, was quälen wir uns viel
Und züchtigen die Nieren und die Lenden?
   Nur frisch gewagt das angenehme Spiel,
Jedwedes Glied ist ja gemacht zum Wenden,
15   Und wendet doch die Sonn sich in die Höh.
                 Albanie.

   Albanie, soll denn dein warmer Schoß
So öd und wüst und unbebauet liegen?
   Im Paradies, da ging man nackt und bloß
Und durfte frei die Liebesäcker pflügen.
20   Welch Menschensatz macht uns dies neue Weh?
                 Albanie.

Albanie, wer kann die Süßigkeit
Der zwei vermischten Geister recht entdecken?
  Wenn Lieb und Lust ein Essen uns bereit,
Das wiederholt am besten pflegt zu schmecken,
    Wünscht nicht dein Herz, dass es dabei vergeh? 25
                Albanie.

Albanie, weil noch der Wollusttau
Die Glieder netzt und das Geblüte springet,
  So lass doch zu, dass auf der Venusau
Ein brünstger Geist dir knieend Opfer bringet,
    Dass er vor dir in voller Andacht steh. 30
                Albanie.
(1679)

Johann Christian Günther
Eröffne mir das Feld der Lüste

Eröffne mir das Feld der Lüste,
Entschleuß die wollustschwangre Schoß.
Gib mir die schönen Lenden bloß,
Bis sich des Mondes Neid entrüste!
Der Nacht ist unsrer Lust bequem, 5
Die Sterne schimmern angenehm
Und buhlen uns nur zum Exempel.
Drum gib mir der Verliebten Kost,
Ich schenke dir der Wollust Most
Zum Opfer in der Keuschheit Tempel. 10
(1717)

VII »Und lass den Liebeslüsten freien Zügel ...«

Peter Rühmkorf
Das ganz entschiedene Ausweiche-Lied

Feinsliebchen, so verführerisch
    Im li-
      la
Licht des Januar –
5 ich teil mit dir den Dosenfisch
    und Berenikes Haar[1]!

    Besprich mir
    meine Läus im Pelz,
ich schenk dir silbern Gin.
10   Der Herr erhält's,
    der Herr vergällt's
und geußt den Rest dahin.

Die diese Stunde mir verkürzt
    mit Zunge
15   Hals
    und Bein –
Der goldne Bomber steigt
    und stürzt
in Laurins Garten[2] ein.

20 Die Helden liegen auf dem Sprung,
    den Zahn gespitzt –
      ICH
    pfeif mir
    mein Verfeinerung!
25 Und zeig dir, wo der Himmel sitzt.
(1976)

---

1 vgl. S. 59
2 Laurin, sagenhafter König, der angeblich in den Südtiroler Alpen in einem Rosengarten lebt

VII »Und lass den Liebeslüsten freien Zügel ...«

Robert Gernhardt
Einmal hin und zurück

Kopf, Kopf, Kopf
so hart und rund
war nicht irgendwo ein Mund?
Na, vielleicht auf dem Rückweg

Hals, Hals, Hals
so weiß und weich
wie hieß das darunter gleich?
Schlüsselbein, wenn ich nicht irre

Brust, Brust, Brust
so fest und klein
das kann doch nicht alles sein –
Richtig! Da geht's weiter

Bauch, Bauch, Bauch
so weich und weiß
wärmer, wärmer, wärmer, heiß –
Na, wer sagt's denn

Bein, Bein, Bein
o so viel Bein
wird es je zu Ende sein?
Schau, da hat's ja noch Füße

Fuß, Fuß, Fuß
darfst weiter ruhn
ich hab oben noch zu tun:
Hallo, Haare.
(1990)

Thomas Kling
aber annette

aber deine härchen! dein blonz haar! aller
hand zerstückelt jetzt; deine schultern
machst du breit bei flackerndem atem aber
woanders (leck mich!); dein nacken aber
5 das stück mit den aufgestellten herrchen
wenn ich anderswo oder wer anders: ging
aber ganz schön schnell, unser ausgleiten
auseinandergleiten in nennenswerte entfernung!
entglitten die nicknames für herzen! und
10 das fällt ins gewicht; und schon wieder
sind zwei um eine tote sprache reicher
(verlernt) ein kaputtes pidgin mehr
(1994)

Materialien

I Zugänge

1 „Liebe, was ist das eigentlich?"

Karikatur von Friedrich K. Waechter

Karikatur von Doris Lerche

I Zugänge

2 Sprüche über die Liebe

Die Engel, die nennen es Himmelsfreud,
die Teufel, die nennen es Höllenleid,
die Menschen, die nennen es – Liebe.
Heinrich Heine

5 Liebe hat viele Gesichter.
Napoleon Bonaparte

Die Liebe, wenn sie neu, braust wie ein junger Wein:
Je mehr sie alt und klar, je stiller wird sie sein.
Angelus Silesius

10 Der Hass ist parteiisch, aber die Liebe ist es noch mehr.
Johann Wolfgang von Goethe

Lieb' ist Leides Anfang.
Gottfried Graf von Oettingen

Die Liebe macht blind für den geliebten Gegenstand.
15 *Plutarch*

Dem schlechtesten Ding an Art und Gestalt /
Leiht Liebe dennoch Ansehn und Gehalt.
William Shakespeare, Ein Sommernachtstraum, I, 1 (Helena)

Liebe ist das einzige, das ewige Fundament der Bildung unsrer
20 Natur zur Menschlichkeit.
Heinrich Pestalozzi, Reden

Wieviel Muscheln am Strand, soviel Schmerzen bietet die Liebe.
(Litore quot conchae, tot sunt in amore dolores!)
Ovid, Liebeskunst, II, 519

I Zugänge

3 Das unbekannte Wesen

René Magritte (1898–1967): Die Liebenden, 1928

I Zugänge

4 „Love me tender ..."

4.1 Elvis Presley/Vera Matson: Love me tender

Love me tender,
Love me sweet,
Never let me go.
You have made my life complete,
5 And I love you so.

Love me tender,
Love me true,
All my dreams fulfilled.
For my darlin' I love you,
10 And I always will.

Love me tender,
Love me long,
Take me to your heart.
For it's there that I belong,
15 And we'll never part.

Love me tender,
Love me dear,
Tell me you are mine.
I'll be yours through all the years,
20 Till the end of time.

(When at last my dreams come true
Darling this I know
Happiness will follow you
Everywhere you go.)
(1956)

Text und Musik: Vera Matson / Elvis Presley
© Elvis Presley Music / Cherry River Music Co.
Für D/A/CH: Global Musikverlag, München

4.2 John Lennon/Paul McCartney: Yesterday

Yesterday, all my troubles seemed so far away
Now it looks as though they're here to stay
Oh, I believe in yesterday.

Suddenly, I'm not half the man I used to be,
There's a shadow hanging over me.
Oh, yesterday came suddenly.

Why she had to go I don't know she wouldn't say.
I said something wrong, now I long for yesterday.

Yesterday, love was such an easy game to play.
Now I need a place to hide away.
Oh, I believe in yesterday.

Mm mm mm mm mm.

(1965)

Text und Musik: John Lennon / Paul McCartney
© SONY / ATV Tunes LLC
Für D/A/CH: Sony / ATV Music Publishing (Germany GmbH), Berlin

II Liebe und Liebeslyrik im Wandel der Zeit

1 Liebe und Liebeslyrik im Mittelalter

1.1 Was ist Minnesang?

Markgraf Otto IV. von Brandenburg als junger höfischer Mann beim Schachspiel mit einer Dame, um 1330–40

Jene Form der adligen Minnelyrik, die wir deutschen Minnesang nennen und deren geschichtliche Entwicklung sich von der Mitte des 12. bis zum Beginn des 15. Jahrhunderts erstreckt, lässt sich relativ gut beschreiben: Minnesang ist nicht im Sinne neuzeitlicher Liebeslyrik Erlebnisdichtung, sondern adlige Hofkunst. Seinem Inhalt nach ist Minnesang Liebeslyrik; doch ist das Verhältnis von Mann und Frau in einer stark ritualisierten und im Grundsätzlichen wenig veränderbaren Weise vorgeprägt: die besungene Frau, meist eine hochgestellte Dame ist und bleibt für den Sänger die Unerreichbare, Vollkommene, die dem Minnedienst des Mannes jedoch weder größere Beachtung noch Lohn zukommen lässt. Der Mann wirbt um sie und versucht, durch Beweise seiner Beständigkeit und Aufrichtigkeit die Gunst der Herrin zu erlangen; da sie ihm jedoch nicht geschenkt wird, bescheidet er sich mit der zumeist klagereichen, sehnsuchtsvollen Anbetung der hoch über ihm stehenden „frouwe".

(2006)

1.2 Volker Meid: Walther von der Vogelweide – der berühmteste Vertreter des Minnesanges

Walther von der Vogelweide. Illustration von Anton Alexander von Werner, 1863

Walther gilt bereits im Mittelalter als größter deutscher Dichter seiner Zeit. Gottfried von Straßburg nennt ihn im *Tristan* (um 1210), nach dem Tod Reinmars, der „Nachtigall" „von Hagenouwe", den führenden deutschen Minnesänger. Seit etwa 1190 trat er in dieser Funktion auf und entwickelte über die Konzeption der ‚hohen Minne' hinaus eine große Vielseitigkeit. Er erprobte verschiedene Alternativen zu den stereotypen Situationen der klagenden Liebe, ohne dass er damit den höfischen Charakter seiner Kunst aufgegeben oder Lieder der ‚hohen Minne' aus seinem Repertoire gestrichen hätte. Der Ideologie der einseitigen Liebe und der Ästhetik des Leidens, wie sie besonders Reinmar vertritt, setzt er die Forderung einer Liebe auf Gegenseitigkeit entgegen, wobei die Skala von den ‚Mädchenliedern' und ihrer Darstellung erfüllter Liebe in einer idyllischen Natur („Under der linden") bis zu Liedern reicht, die in der höfischen Sphäre bleiben, doch den Begriff Frau („wîp") über den Standesbegriff Herrin („frouwe") stellen und ein liebendes Entgegenkommen möglich erscheinen lassen.

(2004)

II Liebe und Liebeslyrik im Wandel der Zeit

1.3 Das Tagelied

Das mittelhochdeutsche Tagelied hat den Minnesang überlebt. Seine Spuren lassen sich bis in die heutige Lyrik verfolgen.

Tagelied [mhd. tageliet, tagewîse], Gattung der mittelhochdt. Lyrik, gestaltet den Abschied der Liebenden – meist eines Ritters und einer Dame – am Morgen nach einer gemeinsam verbrachten Liebesnacht. Aus den zahlreichen Variationsmöglichkeiten ragt das *Wächterlied* heraus, das als dritte Person den Wächter einführt, der über die Liebenden wacht und bei Anbruch des Tages zum Aufbruch drängt. Ein wichtiges Strukturelement ist außer dem festen Personal – Ritter, Dame, (Wächter) – die Spannung zwischen der zweiseit. offenen Erotik, durch die das T. sich v. a. vom hohen Minnesang unterscheidet, und einer suggerierten Gefährlichkeit der Situation. Typische Motive sind Tagesanbruch (u. a. Morgenstern, Sonnenaufgang, Gesang eines Vogels als Signale), Weckvorgang, Abschiedsklage und *urloup* (mhd. = Gewährung in doppeltem Sinne: als letzte Hingabe an den Geliebten und als Verabschiedung). Auffallend ist die Passivität des Ritters. Formale Charakteristika sind der Dialog, ein Refrain, der das die Situation bestimmende Motiv des Tagesanbruchs aufgreift (z. B. bei Heinrich von Morungen: *Dô tagete ez*), und die Dreistrophigkeit.
(1990)

2 Liebesdichtung zur Zeit des Barock

2.1 Philipp Harsdörffer: Die Aufgabe des Poeten

10. Der Poet handelt zu Zeit von der keuschen Lieb / als einer Tugend / von unkeuscher Liebe / als einem viehischen Laster / nicht zu dem Ende / dass er dadurch iemand / mit buhlerischen Grillen / ärgern wolle / sondern dass solche von unziemlichen Begierden / unterschiedet werden solle. Wir Menschen können die Neigung zum Bösen nicht von uns werffen; aber selbe wol im Zaum halten / und beherrschen. Man kan wol bey Frölichkeiten ein erfreuliches Schertzwort hören lassen; aber nicht mit groben Schandbossen / und Narrendeutungen / die den Christen nicht geziemen / aufgezogen kommen; jenes ist höflich und zulässig / dieses unhöflich / verwerflich / und bey groben Gesellen / aber nicht bey ehrlichen und tugendliebenden Personen gebräuchlich.

11. Ein löblicher Poet schreibet allezeit solche Gedichte / die zu Gottes Ehre zielen / grosse Herren / und gelehrte Leute belustigen / die Unverständigen unterweisen / der Verständigen Nachsinnen üben / die Einfältigen lehren / die Betrübten trösten / und der frölichen Freude vermehren.

(1647)

3 Die Liebe und die Menschen in klassischen Zeiten

3.1 Johann Georg Sulzer: „Vorteilhafte Würkungen einer recht zärtlichen Liebe ..."

Eine edle mit wahrer Zärtlichkeit verbundene Liebe, die nach einigen Hindernissen zuletzt glüklich wird, ist ein überaus angenehmer Stoff zu dramatischen, epischen und anderen erzählenden Arten des Gedichts. Es ist schwerlich irgendein Stoff auszufinden, der so viel reizende Gemählde, so mancherlei entzükende Empfindungen, so liebliche Schwermereyen einer Wollust trunkenen Seele darbiethet, als dieser. (...) Es ist gewiss, dass bey jungen Gemüthern von guter Anlage eine recht zärtliche Liebe überaus vorteilhafte Würkungen hervorbringen und der ganzen Gemütsart eine höchst vorteilhafte Wendung geben kann. Bey einem edlen und rechtschaffenen Jüngling kann durch die Liebe das ganze Gemüth um einige Grade zu jeden Guten und Edlen erhöht werden, und alle guten Eigenschaften und Gesinnungen können dadurch einen Nachdruck bekommen, die keine andere Leidenschaft ihnen würde gegeben haben. – Aber ausnehmende Sorgfalt hat der Dichter hiebey nöthig, dass er nicht seine jüngeren Leser in gefährliche Weichlichkeit und phantastische Schwermerey der Empfindungen verleite. Wehe dem Jüngling und dem Mädchen, die kein höheres Glük kennen, als das Glük zu lieben, und geliebt zu werden. Die schönsten und unschuldigsten Gemählde von der Glükseeligkeit der Liebe können zu einem verderblichen Gift werden. (...) Schwache Seelen werden durch Zärtlichkeit noch schwächer; aber die, in denen eine wahre männliche Stärke liegt, können dadurch noch mehr Kraft bekommen.

(1774)

3.2 Friedrich Schiller:
„Das innere Ideal von Vollkommenheit"

Eine notwendige Operation des Dichters ist Idealisierung seines Gegenstandes, ohne welche er aufhört, seinen Namen zu verdienen. Ihm kommt es zu, das Vortreffliche seines Gegenstandes (mag dieser nun Gestalt, Empfindung oder Handlung sein, in ihm oder außer ihm wohnen) von gröbern, wenigstens fremdartigen Beimischungen, zu befreien, die in mehreren Gegenständen zerstreuten Strahlen von Vollkommenheit in einem einzigen zu sammeln, einzelne, das Ebenmaß störende Züge der Harmonie des Ganzen zu unterwerfen, das Individuelle und Lokale zum Allgemeinen zu erheben. Alle Ideale, die er auf diese Art, im Einzelnen bildet, sind gleichsam nur Ausflüsse eines innern Ideals von Vollkommenheit, das in der Seele des Dichters wohnt. Zu je größerer Reinheit und Fülle er dieses innere allgemeine Ideal ausgebildet hat; desto mehr werden auch jene Einzelnen sich der höchsten Vollkommenheit nähern.

(1791)

4 Schreiben und Leben in romantischer Zeit

4.1 Friedrich Schlegel: Gedanken über die Liebe

(49) Die Frauen werden in der Poesie ebenso ungerecht behandelt wie im Leben. Die weiblichen sind nicht idealisch, und die idealischen sind nicht weiblich.

(268) Was man eine glückliche Ehe nennt, verhält sich zur Liebe wie ein korrektes Gedicht zu improvisiertem Gesang.

(359) Freundschaft ist partiale Ehe, und Liebe ist Freundschaft von allen Seiten und nach allen Richtungen, universelle Freundschaft. Das Bewusstsein der notwendigen Grenzen ist das Unentbehrlichste und das Seltenste in der Freundschaft.

(83) Nur durch die Liebe und durch das Bewusstsein der Liebe wird der Mensch zum Menschen.

(104) Die ursprüngliche Liebe erscheint nie rein, sondern in mannigfachen Hüllen und Gestalten, als Zutrauen, als Demut, als Andacht, als Heiterkeit, als Treue und als Scham, als Dankbarkeit, am meisten aber als Sehnsucht und als stille Wehmut.
(1798 bzw. 1800)

4.2 Friedrich Schlegel: „Ich liebe die Weiblichkeit selbst ..."

Auch das Mädchen weiß in ihrer naiven Unwissenheit doch schon alles, noch ehe der Blitz der Liebe in ihrem zarten Schoß gezündet, und die verschlossne Knospe zum vollen Blumenkelch der Lust entfaltet hat. Und wenn eine Knospe Gefühl hätte, würde nicht das Vorgefühl der Blume deutlicher in ihr sein, als das Bewusstsein ihrer selbst? –
Darum gibt es in der weiblichen Liebe keine Grade und Stufen der Bildung, überhaupt nichts Allgemeines; sondern so viel Individuen, so viel eigentümliche Arten. Kein Linné kann uns alle diese schönen Gewächse und Pflanzen im großen Garten des

II Liebe und Liebeslyrik im Wandel der Zeit

Lebens klassifizieren und verderben; und nur der eingeweihte Liebling der Götter versteht ihre wunderbare Botanik; die göttliche Kunst, ihre verhüllten Kräfte und Schönheiten zu erraten und zu erkennen, wann die Zeit ihrer Blüte sei und welches Erdreich sie bedürfen. Da wo der Anfang der Welt oder doch der Anfang der Menschen ist, da ist auch der eigentliche Mittelpunkt der Originalität, und kein Weiser hat die Weiblichkeit ergründet.

Eines zwar scheint die Frauen in zwei große Klassen zu teilen. Das nämlich, ob sie die Sinne achten und ehren, die Natur, sich selbst und die Männlichkeit: oder ob sie diese wahre innere Unschuld verloren haben, und jeden Genuss mit Reue erkaufen, bis zur bitteren Gefühllosigkeit gegen innere Missbilligung. Das ist ja die Geschichte so vieler. Erst scheuen sie die Männer, dann werden sie Unwürdigen hingegeben, welche sie bald hassen oder betrügen, bis sie sich selbst und die weibliche Bestimmung verachten. Ihre kleine Erfahrung halten sie für allgemein und alles andere für lächerlich; der enge Kreis von Rohheit und Gemeinheit, in dem sie sich beständig drehen, ist für sie die ganze Welt, und es fällt ihnen gar nicht ein, dass es auch noch andre Welten geben könne. Für diese sind die Männer nicht Menschen, sondern bloß Männer, eine eigne Gattung, die fatal aber doch gegen die Langeweile unentbehrlich ist. Sie selbst sind denn auch eine bloße Sorte, eine wie die andre, ohne Originalität, und ohne Liebe.

Aber sind sie unheilbar weil sie ungeheilt sind? Mir ist es so einleuchtend und klar, dass nichts unnatürlicher für eine Frau sei, als Prüderie (ein Laster an das ich nie ohne eine gewisse innerliche Wut denken kann) und nichts beschwerlicher als Unnatürlichkeit, dass ich keine Grenze bestimmen, und keine für unheilbar halten möchte. Ich glaube ihre Unnatur kann nie zuverlässig werden, wenn sie auch noch so viel Leichtigkeit und Unbefangenheit darin erlangt haben, bis zu einem Schein von Konsequenz und Charakter. Es bleibt doch nur Schein; das Feuer der Liebe ist durchaus unverlöschlich, und noch unter der tiefsten Asche glühen Funken.

Diese heiligen Funken zu wecken, von der Asche der Vorurteile zu reinigen, und wo die Flamme schon lauter brennt, sie mit bescheidenem Opfer zu nähren; das wäre das höchste Ziel mei-

nes männlichen Ehrgeizes. Lass mich's bekennen, ich liebe nicht
dich allein, ich liebe die Weiblichkeit selbst. Ich liebe sie nicht
bloß, ich bete sie an, weil ich die Menschheit anbete, und weil
die Blume der Gipfel der Pflanze und ihrer natürlichen Schönheit
und Bildung ist.
Es ist die älteste kindlichste einfachste Religion, zu der ich zurückgekehrt bin. Ich verehre als vorzüglichstes Sinnbild der
Gottheit das Feuer; und wo gibts ein schöneres, als das was die
Natur tief in die weiche Brust der Frauen verschloss? – Weihe du
mich zum Priester, nicht um es müßig zu beschauen, sondern
um es zu befreien, zu wecken, und zu reinigen: wo es rein ist,
erhält es sich selber, ohne Wache und ohne Vestalinnen.
Ich schreibe und schwärme, wie du siehst, nicht ohne Salbung;
aber es geschieht auch nicht ohne Beruf, und zwar göttlichen
Beruf.

(1799)

4.3 Heinrich Heine: „Der alte Spuk wirkt nicht mehr ..."

Vor zwanzig Jahren, ich war ein Knabe, ja damals, mit welcher
überströmenden Begeisterung hätte ich den vortrefflichen Uhland zu feiern vermocht! Damals empfand ich seine Vortrefflichkeit vielleicht besser als jetzt; er stand mir näher an Empfindung
und Denkvermögen. Aber so vieles hat sich seitdem ereignet!
Was mir so herrlich dünkte, jenes chevalereske und katholische
Wesen, jene Ritter, die im adligen Turnei sich hauen und stechen, jene sanften Knappen und sittigen Edelfrauen, jene Nordlandshelden und Minnesänger, jene Mönche und Nonnen, jene
Vätergrüfte mit Ahnungsschauern, jene blassen Entsagungsgefühle mit Glockengeläute und das ewige Wehmutgewimmer,
wie bitter ward es mir seitdem verleidet! Ja, einst war es anders.
Wie oft, auf den Trümmern des alten Schlosses zu Düsseldorf
am Rhein, saß ich und deklamierte vor mich hin das schönste
aller Uhlandschen Lieder, „Der Schäfer". (...)
Dasselbe Buch habe ich wieder in Händen, aber zwanzig Jahre
sind seitdem verflossen, ich habe unterdessen viel gehört und
gesehen, gar viel, ich glaube nicht mehr an Menschen ohne Kopf,

und der alte Spuk wirkt nicht mehr auf mein Gemüt. Das Haus, worin ich eben sitze und lese, liegt auf dem Boulevard Montmartre; und dort branden die wildesten Wogen des Tages, dort kreischen die lautesten Stimmen der modernen Zeit; das lacht, das grollt, das trommelt; im Sturmschritt schreitet vorüber die Nationalgarde; und jeder spricht französisch. – Ist das nun der Ort, wo man Uhlands Gedichte lesen kann? Dreimal habe ich den Schluss des oben erwähnten Gedichtes mir wieder vordeklamiert, aber ich empfinde nicht mehr das unnennbare Weh, das mich einst ergriff, wenn das Königstöchterlein stirbt und der schöne Schäfer so klagevoll zu ihr hinaufrief:

> „Willkommen, Königstöchterlein!"
> „Ein Geisterlaut herunterscholl,
> Ade! du Schäfer mein!"

Vielleicht auch bin ich für solche Gedichte etwas kühl geworden, seitdem ich die Erfahrung gemacht, dass es eine weit schmerzlichere Liebe gibt als die, welche den Besitz des geliebten Gegenstandes niemals erlangt oder ihn durch den Tod verliert. In der Tat, schmerzlicher ist es, wenn der geliebte Gegenstand Tag und Nacht in unseren Armen liegt, aber durch beständigen Widerspruch und blödsinnige Kapricen uns Tag und Nacht verleidet, dergestalt, dass wir das, was unser Herz am meisten liebt, von unserem Herzen fortstoßen und wir selber das verflucht geliebte Weib nach dem Postwagen bringen und fortschicken müssen:

> „Ade, du Königstöchterlein!"

Ja, schmerzlicher als der Verlust durch den Tod ist der Verlust durch das Leben, z. B. wenn die Geliebte, aus wahnsinniger Leichtfertigkeit, sich von uns abwendet, wenn sie durchaus auf einen Ball gehen will, wohin kein ordentlicher Mensch sie begleiten kann, und wenn sie dann, ganz aberwitzig bunt geputzt und trotzig frisiert, dem ersten besten Lump den Arm reicht und uns den Rücken kehrt ...

(1835)

II Liebe und Liebeslyrik im Wandel der Zeit

5 Liebe und Gedichte im 20. Jahrhundert

5.1 Bertolt Brecht: Kin-jeh[1] über die Liebe

Ich spreche nicht über die fleischlichen Freuden, obgleich über sie viel zu sagen wäre, noch über die Verliebtheit, über die weniger zu sagen ist. Mit diesen beiden Erscheinungen käme die Welt aus, aber die Liebe muß gesondert betrachtet werden, da
5 sie eine Produktion ist. Sie verändert den Liebenden und den Geliebten, ob in guter oder in schlechter Weise. Schon von außen erscheinen Liebende wie Produzierende, und zwar solche einer hohen Ordnung. Sie zeigen die Passion und Unhinderbarkeit, sie sind weich ohne schwach zu sein, sie sind immer auf der
10 Suche nach freundlichen Handlungen, die sie begehen könnten (in der Vollendung nicht nur zum Geliebten selber). Sie bauen ihre Liebe und verleihen ihr etwas Historisches, als rechneten sie mit einer Geschichtsschreibung. Für sie ist der Unterschied zwischen keinem Fehler und nur einem Fehler ungeheuer – wel-
15 chen Unterschied die Welt ruhig vernachlässigen kann. Machen sie ihre Liebe zu etwas Außerordentlichem, haben sie nur sich selber zu danken, fallieren sie, können sie sich so wenig mit den Fehlern des Geliebten entschuldigen wie etwa die Führer des Volks mit den Fehlern des Volks. Die Verpflichtungen, die
20 sie eingehen, sind Verpflichtungen gegen sich selber; niemand könnte die Strenge aufbringen in bezug auf die Verletzungen der Verpflichtungen, die sie aufbringen. Es ist das Wesen der Liebe wie anderer großer Produktion, daß die Liebenden vieles ernst nehmen, was andere leichthin behandeln, die kleinsten Berüh-
25 rungen, die unmerklichsten Zwischentöne. Den Besten gelingt es, ihre Liebe in völligen Einklang mit anderen Produktionen zu bringen; dann wird ihre Freundlichkeit zu einer allgemeinen, ihre erfinderische Art zu einer vielen nützlichen, und sie unterstützen alles Produktive.

(um 1934)

---

[1] Hinter diesem Namen verbirgt sich B. Brecht selbst; der Text gehört in den Lebenszusammenhang seiner Beziehung zu Lai-tu = Ruth Berlau.

5.2 Ingeborg Bachmann:
Das Widerspiel des Unmöglichen mit dem Möglichen

Nun steckt aber in jedem Fall, auch im alltäglichsten von Liebe, der Grenzfall, den wir, bei näherem Zusehen, erblicken können und vielleicht uns bemühen sollten, zu erblicken. Denn bei allem, was wir tun, denken und fühlen, möchten wir manchmal bis zum Äußersten gehen. Der Wunsch wird in uns wach, die Grenzen zu überschreiten, die uns gesetzt sind. Nicht um mich zu widerrufen, sondern um es deutlicher zu ergänzen, möchte ich sagen: Es ist auch nur gewiss, dass wir in der Ordnung bleiben müssen, dass es den Austritt aus der Gesellschaft nicht gibt und wir uns aneinander prüfen müssen. Innerhalb der Grenzen aber haben wir den Blick gerichtet auf das Vollkommene, das Unmögliche, Unerreichbare, sei es der Liebe, der Freiheit oder jeder reinen Größe. Im Widerspiel des Unmöglichen mit dem Möglichen erweitern wir unsere Möglichkeiten. Dass wir es erzeugen, dieses Spannungsverhältnis, an dem wir wachsen, darauf, meine ich, kommt es an; dass wir uns orientieren an einem Ziel, das freilich, wenn wir uns nähern, sich noch einmal entfernt.

(1959)

5.3 Hilde Domin: Das Gedicht,
der unverbrauchbare Gebrauchsgegenstand

Gleichgewicht
Wir gehen
jeder für sich
den schmalen Weg
über den Köpfen der Toten
– fast ohne Angst –
im Takt unsres Herzens,
als seien wir beschüzt,
solange die Liebe
nicht aussetzt.

II Liebe und Liebeslyrik im Wandel der Zeit

So gehen wir
zwischen Schmetterlingen und Vögeln
in staunendem Gleichgewicht
zu einem Morgen von Baumwipfeln
15 – grün, gold und blau –
und zu dem Erwachen
der geliebten Augen.

„Hass zu verlernen und Liebe zu lehren", dazu seien Gedichte da, schreibt Auden. *To unlearn hatred and to teach love.* Womit
20 keineswegs an das Liebesgedicht im engeren Sinne gedacht ist, sondern an die Humanität, die das Gedicht im Leser aktiviert.
„Heute, wo unsere Identität im Rollenverhalten verloren zu gehen droht, wartet man auf ein gutes Gedicht wie ein Patient auf einen Schrittmacher, der dicht am Herzen eingepflanzt wird,
25 damit es weiterschlägt", schreibt mir eine Chirurgin der Frankfurter Universitätsklinik.
Was bietet also das Gedicht Besonderes an, vor den anderen Künsten: seine zwiespältige und widersprüchliche Natur. So widersprüchlich wie die Wirklichkeit selber. Wenn auch ganz
30 anders. Es ist zugleich Emotion und Ratio, Erregung und Bewusstheit, aufs äußerste geschärfte Bewusstheit. Indem es die Wirklichkeit, und also die Zeit, stillstehen macht und eine eigene Zeit herstellt, entfernt es sich von der Wirklichkeit, aber doch nur scheinbar. Es befreit von allen Zwängen. Es stellt eine neue,
35 lebbarere Wirklichkeit her, die wirklicher ist als die erste.
Manche nennen es den „Traum von der Wirklichkeit". Ich sehe in ihm die bessere Möglichkeit, die jede Wirklichkeit in sich trägt. Auch die des Schreibenden, ganz wie die des Lesenden, dieser Zwillinge: ihre bessere Möglichkeit. Das hat die Kunst mit der
40 Liebe gemeinsam: beide verändern unser Zeitgefühl.
(...)
Ich lese hier das Gedicht einer jüngeren Autorin vor, die in diesen Tagen ein Bändchen herausgibt: Ich sagte ja, ich lese auch Unbekanntes.

II Liebe und Liebeslyrik im Wandel der Zeit

Sigrid Grabert: Vom Verschwinden der Gegenwart
Wo las ich es –
dass wir zu schnell
sind. Den Dingen voraus
die nach uns kommen
werden. Zu schnell
für das Jetzt

Abends bestehen wir
nur noch aus Sätzen
im Perfekt
Was schnell ist ist
auch schnell nicht mehr
  liegt hinter uns
  entfernt sich
  macht sich klein
das Kindsein
Mutter Vater
alles wird unsichtbar
Häuser und Straßen
und Unvergesslich Genanntes

Langsam möchte ich sein
deutlich und langsam
ein endloser Augenblick
JETZT

Verweile doch. Er verweilt und er verweilt nicht. Das Gedicht ist eine Zeitkonserve. Dichtung und Liebe haben nicht nur die Besonderheit ihrer Zeit außer der Zeit gemeinsam: beide sind zweckfrei. Dienen keinem „Um zu", sondern sind um ihrer selbst willen da, wie alles, worauf es in Wahrheit ankommt.
Schreiben – und demnach auch Lesen – setzt dies Innehalten voraus, das Sich-Befreien vom ‚Funktionieren'. Nur im Innehalten, nur wenn die programmierte und programmierende Zeit stillsteht, kann der Mensch zu sich selber kommen, zu jenem Augenblick der Selbstbegegnung, der im Gedicht auf ihn wartet. Für diesen Augenblick muss er bereit sein.
(1983)

III Männerbilder – Frauenbilder

1 Der männliche Blick

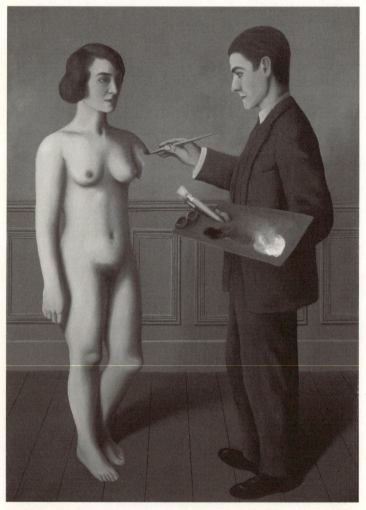

René Magritte (1898–1967): La tentative de l'Impossible, 1928

III Männerbilder – Frauenbilder

Lucas Cranach d. Ä. (1472–1553): Venus, 1532

2 Ruth Klüger: Die weibliche Sicht

Ähnlich verhält es sich mit der Darstellung von Gewaltakten und deren Rezeption in der Literatur. Der Georg-Büchner-Preisträger des Jahres 1992, George Tabori, sagte in seiner Dankrede, die schönsten Liebesgeschichten, die er kenne, seien ‚Othello'
und ‚Woyzeck'. Der einflussreichste deutsche Kritiker, Marcel Reich-Ranicki, hat einmal im Fernsehen seine Vorliebe für die „Liebesgeschichte" ‚Kabale und Liebe' kundgetan. Wer will abstreiten, dass es sich bei allen dreien der genannten Dramen um Meisterwerke der Literatur handelt? Wie denn anders, wenn
Shakespeare, Büchner und Schiller die Autoren sind? Aber die schönsten Liebesgeschichten? So würde eine Frau sie auf Anhieb kaum nennen. Wird doch in jeder von ihnen die Geliebte vom Geliebten umgebracht, und zwar auf recht brutale Weise, erdrosselt von Othello, erstochen von Woyzeck, vergiftet bei
Schiller.
Wenn ich sagen wollte, die schönsten Liebesgeschichten, die ich kenne, seien Kleists ‚Penthesilea', wo die Titelheldin ihren geliebten Achilles zerfleischt, als Ersatz für den Liebesakt, und Hebbels ‚Judith', in der die Titelheldin dem Holofernes nach
dem Liebesakt den Kopf abschlägt: Würde ein männlicher Leser nicht mit Recht meine Bezeichnung dieser Faszinosa als schöne Liebesgeschichten mit Beunruhigung aufnehmen?
Was geht hier vor? Die Verherrlichung oder Verharmlosung der Gewalt gegen Frauen in der Literatur beginnt früh, zum Beispiel
mit dem ‚Heideröslein'. Man sollte meinen, dass sich die symbolische Darstellung einer brutalen Vergewaltigung, vertont oder unvertont, nicht zum Schulunterricht eigne und schon gar nicht auf eine Stufe mit wirklichen Liebesliedern gesetzt werden solle. Denn Goethe hin, Schubert her, die letzte Strophe ist eine nur
leicht verbrämte Terrorszene:

> Doch der wilde Knabe brach
> 's Röslein auf der Heiden.
> Röslein wehrte sich und stach
> Half ihm doch kein Weh und Ach
> Musst' es eben leiden.

III Männerbilder – Frauenbilder

Die Verharmlosung entsteht dadurch, dass der Vergewaltiger, also ein ausgewachsener, zumindest geschlechtsreifer Mann, als „wilder Knabe" einherkommt, dass die Tat symbolisch an einer Blume ausgeführt wird, obwohl deutlich Kraftmeier und schwächeres Mädchen gemeint sind, und dass im hingeträllerten Refrain

> Röslein, Röslein, Röslein rot
> Röslein auf der Heiden.

der Terror verplätschert. Das Lied ist verlogen, weil es ein Verbrechen als unvermeidlich und obendrein wie eine Liebesszene darstellt. Helke Sander hat in ihrem – umstrittenen – Dokumentarfilm ‚(Be)Freier und Befreite' einen Männerchor eingesetzt, der das „Heideröslein", kommentarlos und unmissverständlich, im Kontext der Massenvergewaltigung des Zweiten Weltkriegs singt. Damit ein Mädchen oder eine Frau ein solches Lied hübsch findet, muss sie mehr von ihrem menschlichen Selbstbewusstsein verdrängen, als sich lohnt, von ihren erotischen Bedürfnissen ganz zu schweigen.

(1996)

III Männerbilder – Frauenbilder

3 Zauberwesen Frau

Ferdinand Marternsteig: Loreley, 1852/1853

4 Friedrich de la Motte Fouqué: Undine

Friedrich de la Motte Fouqués überaus erfolgreiche Erzählung „Undine" greift ein in vielen Sagen und Märchen verbreitetes Motiv auf – ein weibliches Wesen aus einer Geisterwelt, hier dem Wasserreich, wird einem Menschenmann zum Verhängnis.

Der Ritter aber hatte seine Diener entlassen. Halb ausgekleidet, im betrübten Sinnen stand er vor einem großen Spiegel; die Kerze brannte dunkel neben ihm. Da klopfte es an die Tür mit leisem, leisem Finger. Undine hatte sonst wohl so geklopft, wenn sie ihn freundlich necken wollte. – Es ist alles nur Phantasterei! sagte er zu sich selbst. Ich muss ins Hochzeitsbett. – Das musst du, aber in ein kaltes! hörte er eine weinende Stimme draußen vor dem Gemache sagen, und dann sah er im Spiegel, wie die Türe aufging, langsam, langsam, und wie die weiße Wanderin hereintrat und sittig das Schloss wieder hinter sich zudrückte. – Sie haben den Brunnen aufgemacht, sagte sie leise, und nun bin ich hier, und nun musst du sterben. – Er fühlte in seinem stockenden Herzen, dass es auch gar nicht anders sein könne, deckte aber die Hände über die Augen und sagte: Mache mich nicht in meiner Todesstunde durch Schrecken toll. Wenn du ein entsetzliches Antlitz hinter dem Schleier trägst, so lüfte ihn nicht und richte mich, ohne dass ich dich schaue. – Ach, entgegnete die Wanderin, willst du mich denn nicht noch ein einziges Mal sehn? Ich bin schön, wie als du auf der Seespitze um mich warbst. – O wenn das wäre, seufzte Huldbrand, und wenn ich sterben dürfte an einem Kusse von dir! – Recht gern, mein Liebling, sagte sie. Und ihren Schleier schlug sie zurück, und himmlisch schön lächelte ihr holdes Antlitz daraus hervor. Bebend vor Liebe und Todesnähe neigte sich der Ritter ihr entgegen; sie küsste ihn mit einem himmlischen Kusse, aber sie ließ ihn nicht mehr los; sie drückte ihn inniger an sich und weinte, als wolle sie ihre Seele fortweinen. Die Tränen drangen in des Ritters Augen und wogten in lieblichen Wehe durch seine Brust, bis ihm endlich der Atem entging, und er aus den schönen Armen als ein Leichnam sanft auf die Kissen des Ruhebettes zurücksank.

(1811)

5 Ingeborg Bachmann: Undine geht

Ihr Menschen! Ihr Ungeheuer!
Ihr Ungeheuer mit Namen Hans! Mit diesem Namen, den ich nie vergessen kann.
Immer wenn ich durch die Lichtung kam und die Zweige sich öffneten, wenn die Ruten mir das Wasser von den Armen schlugen, die Blätter mir die Tropfen von den Haaren leckten, traf ich auf einen, der Hans hieß.
Ja, diese Logik habe ich gelernt, dass einer Hans heißen muss, dass ihr alle so heißt, einer wie der andere, aber doch nur einer. Immer einer nur ist es, der diesen Namen trägt, den ich nicht vergessen kann, und wenn ich euch auch alle vergesse, ganz und gar vergesse, wie ich euch ganz geliebt habe. Und wenn eure Küsse und euer Samen von den vielen großen Wassern – Regen, Flüssen, Meeren – längst abgewaschen und fortgeschwemmt sind, dann ist doch der Name noch da, der sich fortpflanzt unter Wasser, weil ich nicht aufhören kann, ihn zu rufen, Hans, Hans ...
Ihr Monstren mit den festen und unruhigen Händen, mit den kurzen blassen Nägeln, den zerschürften Nägeln mit schwarzen Rändern, den weißen Manschetten um die Handgelenke, den ausgefransten Pullovern, den uniformen grauen Anzügen, den groben Lederjacken und den losen Sommerhemden! Aber lasst mich genau sein, ihr Ungeheuer, und euch jetzt einmal verächtlich machen, denn ich werde nicht wiederkommen, euren Winken nicht mehr folgen, keiner Einladung zu einem Glas Wein, zu einer Reise, zu einem Theaterbesuch. Ich werde nie wieder kommen, nie wieder Ja sagen und Du und Ja. All diese Worte wird es nicht mehr geben, und ich sage euch vielleicht, warum. Denn ihr kennt doch die Fragen, und sie beginnen alle mit „Warum?" Es gibt keine Fragen in meinem Leben. Ich liebe das Wasser, seine dichte Durchsichtigkeit, das Grün im Wasser und die sprachlosen Geschöpfe (und so sprachlos bin auch ich bald!), mein Haar unter ihnen, in ihm, dem gerechten Wasser, dem gleichgültigen Spiegel, der es mir verbietet, euch anders zu sehen. Die nasse Grenze zwischen mir und mir ...
Ich habe keine Kinder von euch, weil ich keine Fragen gekannt habe, keine Forderung, keine Vorsicht, Absicht, keine Zukunft

und nicht wusste, wie man Platz nimmt in einem anderen Leben. Ich habe keinen Unterhalt gebraucht, keine Beteuerung und Versicherung, nur Luft, Nachtluft, Küstenluft, Grenzluft, um immer wieder Atem holen zu können für neue Worte, neue Küsse, für ein unaufhörliches Geständnis: Ja. Ja. Wenn das Geständnis abgelegt war, war ich verurteilt zu lieben; wenn ich eines Tages freikam aus der Liebe, musste ich zurück ins Wasser gehen, in dieses Element, in dem niemand sich ein Nest baut, sich ein Dach aufzieht über Balken, sich bedeckt mit einer Plane. Nirgendwo sein, nirgendwo bleiben. Tauchen, ruhen, sich ohne Aufwand von Kraft bewegen – und eines Tages sich besinnen, wieder auftauchen, durch eine Lichtung gehen, *ihn* sehen und „Hans" sagen. Mit dem Anfang beginnen.

> „Guten Abend."
> „Guten Abend."
> „Wie weit ist es zu dir?"
> „Weit ist es, weit."
> „Und weit ist es zu mir."

Einen Fehler immer wiederholen, den einen machen, mit dem man ausgezeichnet ist. Und was hilft's dann, mit allen Wassern gewaschen zu sein, mit den Wassern der Donau und des Rheins, mit denen des Tiber und des Nils, den hellen Wassern der Eismeere, den tintigen Wassern der Hochsee und der zaubrischen Tümpel? Die heftigen Menschenfrauen schärfen ihre Zungen und blitzen mit den Augen, die sanften Menschenfrauen lassen still ein paar Tränen laufen, die tun auch ihr Werk. Aber die Männer schweigen dazu. Fahren ihren Frauen, ihren Kindern treulich übers Haar, schlagen die Zeitung auf, sehen die Rechnungen durch oder drehen das Radio laut an und hören doch darüber den Muschelton, die Windfanfare, und dann noch einmal, später, wenn es dunkel ist in den Häusern, erheben sie sich heimlich, öffnen die Tür, lauschen den Gang hinunter, in den Garten, die Alleen hinunter, und nun hören sie es ganz deutlich: Den Schmerzton, den Ruf von weither, die geisterhafte Musik. Komm! Komm! Nur einmal komm!

(1961)

6 Simone de Beauvoir: Liebe – die Religion der Frau

Das Wort *Liebe* hat für die beiden Geschlechter durchaus nicht denselben Sinn, und hierin liegt eine Quelle der schweren Missverständnisse, die sie voneinander trennen. Byron[1] hat ganz richtig bemerkt, dass die Liebe im Leben des Mannes nur eine Beschäftigung bleibt, während sie das eigentliche Leben der Frau ausmacht. Dieselbe Idee drückt Nietzsche in der *Fröhlichen Wissenschaft* aus:

„Mann und Weib verstehen unter Liebe jeder etwas anderes ... Was das Weib unter Liebe versteht, ist klar genug: vollkommene Hingabe (nicht nur Hingebung) mit Seele und Leib, ohne jede Rücksicht, jeden Vorbehalt ... In dieser Abwesenheit von Bedingungen ist eben seine Liebe ein Glaube: das Weib hat keinen anderen. – Der Mann, wenn er ein Weib liebt, will von ihm eben diese Liebe, ist folglich für seine Person selbst am entferntesten von der Voraussetzung der weiblichen Liebe; gesetzt aber, dass es auch Männer geben sollte, denen ihrerseits das Verlangen nach vollkommener Hingabe nicht fremd ist, nun, so sind das eben – keine Männer."

Männer haben zu gewissen Zeiten ihres Lebens leidenschaftliche Liebhaber sein können, es gibt aber keinen einzigen unter ihnen, den man als einen *großen Liebenden* ansprechen könnte. Selbst in ihrem heftigsten Überschwang geben sie sich nie völlig auf. Selbst wenn sie vor ihrer Geliebten in die Knie fallen, wünschen sie noch, sie zu besitzen, sie an sich zu fesseln. Selbst im Kernpunkt ihres Lebens bleiben sie so etwas wie souveräne Eigenwesen. Die geliebte Frau ist nur einer unter andern Werten. Die Männer wollen sie ihrer Existenz einverleiben, aber nicht mit ihrer ganzen eigenen Existenz in ihr versinken. Für die Frau dagegen ist die Liebe eine völlige Selbstaufgabe zugunsten eines Herrn.

Die Frau muss ihre eigene Persönlichkeit vergessen, wenn sie liebt, schreibt Cécile Sauvage. Das ist ein Naturgesetz. Eine Frau existiert nicht ohne einen Herrn. Ohne Herr ist sie ein zerzauster Blumenstrauß.

---

[1] George Gordon Noel Byron (1788–1824), genannt Lord Byron, englischer Dichter der Romantik

III Männerbilder – Frauenbilder

In Wirklichkeit handelt es sich hier nicht um ein Naturgesetz. Der Unterschied ihrer Situation spiegelt sich in der Auffassung wider, die Mann und Frau sich von der Liebe machen. Wenn das Individuum, das ein Subjekt, ein Eigenwesen ist, zur Transzendenz neigt, bemüht es sich, seinen Zugriff auf die Welt zu erweitern: Es ist ehrgeizig, es handelt. Aber ein wesenloses Individuum kann das Absolute nicht in seiner Subjektivität entdecken. Ein Wesen, das der Immanenz anheimgegeben ist, kann sich nicht in Handlungen realisieren. Die Frau bleibt in der Sphäre des Relativen eingeschlossen, sie ist dem Mann von Kindheit an bestimmt und daran gewöhnt, in ihm einen Herrn zu sehen, dem sie nicht gleichkommen darf. Wenn sie ihren Anspruch, ein Menschenwesen zu sein, nicht erstickt hat, träumt sie davon, ihr eigenes Wesen in Richtung auf eines jener höheren Wesen zu überschreiten, d. h. sich mit dem souveränen Subjekt zu vereinen, mit ihm zu verschmelzen. Es gibt für sie keinen andern Ausweg, als sich mit Leib und Seele in dem zu verlieren, den man ihr als das Absolute, das Wesentliche hinstellt. Da sie auf jede Weise zur Abhängigkeit verurteilt ist, will sie lieber einem Gott dienen als Tyrannen – den Eltern, dem Gatten, dem Beschützer – gehorchen. Sie entschließt sich so heftig für ihre Versklavung, dass diese ihr als der Ausdruck ihrer Freiheit erscheint. Sie bemüht sich, ihre Situation als unwesentliches Objekt dadurch zu überwinden, dass sie sie restlos auf sich nimmt. In ihrem Körper, ihren Gefühlen, ihrem Verlangen preist sie von sich aus den Geliebten, sie stellt ihn als höchsten Wert und Wirklichkeit hin: Sie vernichtet sich vor ihm. Die Liebe wird für sie zu einer Religion. (...)
Es kommt jedoch oft vor, dass es der Frau nicht gelingt, irgendeinen der Männer, die sie kennt, in einen Gott zu verwandeln. Die Liebe nimmt im Frauenleben weniger Platz ein, als man oft behauptet hat. Gatte, Kinder, Heim, Vergnügungen, mondäne Angelegenheiten, Eitelkeit, Erotik, Beruf sind viel wichtiger. Beinahe alle Frauen haben einmal von der *großen Liebe* geträumt. Sie haben einen Ersatz dafür kennengelernt, sie sind ihr nahegekommen. Unter anfängerhaften, gequälten, lächerlichen, unvollkommenen, lügnerischen Gestalten sind sie ihr begegnet. Aber nur sehr wenige haben ihr wirklich ihr Dasein geweiht.

III Männerbilder – Frauenbilder

Die großen Liebhaberinnen sind meist Frauen, die ihr Herz nicht in jugendlichem Lieben verbraucht haben. Sie haben zunächst Mann, Heim und Kinder, das traditionelle Frauenschicksal auf sich genommen oder sie haben eine harte Einsamkeit kennen gelernt oder auf irgendein Unternehmen gesetzt, das mehr oder weniger fehlschlug. Wenn sie eine Möglichkeit ahnen, ihr enttäuschendes Leben dadurch zu retten, dass sie es einem auserlesenen Wesen widmen, geben sie sich restlos dieser Hoffnung hin. (...)
Selbst wenn sie die Möglichkeit haben, unabhängig zu bleiben, scheint dieser Weg den meisten Frauen noch am anziehendsten. Es ist beängstigend, das Leben in seine eigene Hand zu nehmen. Auch der junge Mann wendet sich gern älteren Frauen zu und sucht in ihnen eine Führerin, eine Erzieherin, eine Mutter. Aber sein Werdegang, die Gewohnheiten, Weisungen, die er in sich selbst vorfindet, verwehren ihm, endgültig bei der bequemen Lösung des Selbstverzichts stehenzubleiben. Er betrachtet solche Liebschaften nur als eine Zwischenstufe. Wenn der Mann erwachsen ist, aber auch bereits als Kind, hat er das Glück, dass er genötigt wird, einen mühsameren, dafür aber auch sicheren Weg einzuschlagen. Zu ihrem Unglück sieht sich die Frau von beinahe unwiderstehlichen Verlockungen umgeben. Alles verführt sie dazu, den bequemsten Weg zu wählen: Statt sie dazu zu ermuntern, um sich zu kämpfen, sagt man ihr, dass sie nur um sich werben zu lassen braucht, um in ein herrliches Paradies zu gelangen. Wenn sie merkt, dass sie sich von einer Spiegelung hat narren lassen, ist es zu spät. Ihre Kräfte haben sich bei diesem Abenteuer verbraucht.
(1949)

IV Dichterliebe und -leben

1 J. W. von Goethe und Friederike Brion

1.1 Johann Wolfgang von Goethe: Erste Begegnung mit Friederike

Friederike Brion in heimatlicher Tracht

Die älteste Tochter kam wieder hastig in die Stube, unruhig, ihre Schwester nicht gefunden zu haben. Man war besorgt um sie und schalt auf diese oder jene böse Gewohnheit; nur der Vater sagte ganz ruhig: „Lasst sie immer gehn, sie kommt schon wieder!" In diesem Augenblick trat sie wirklich in die Türe; und da ging führwahr an diesem ländlichen Himmel ein allerliebster Stern auf. Beide Töchter trugen sich noch deutsch, wie man es zu nennen pflegte, und diese fast verdrängte Nationaltracht kleidete Friederiken besonders gut. Ein kurzes weißes rundes Röckchen mit einer Falbel, nicht länger, als dass die nettesten Füßchen bis an die Knöchel sichtbar blieben; ein knappes Mieder und eine schwarze Taffetschürze – so stand sie auf der Grenze zwischen Bäuerin und Städterin. Schlank und leicht, als wenn sie nichts an sich zu tragen hätte, schritt sie, und beinahe schien für die gewaltigen blonden Zöpfe des niedlichen Köpfchens der Hals zu zart. Aus heiteren blauen Augen blickte sie sehr deutlich umher, und das artige Stumpfnäschen forschte so frei in die Luft, als wenn es in der Welt keine Sorge geben könnte; der Strohhut hing ihr am Arm, und so hatte ich das Vergnügen, sie beim ersten Blick auf einmal in ihrer ganzen Anmut und Lieblichkeit zu sehn und zu erkennen.

(1811)

IV Dichterliebe und -leben

1.2 Johann Wolfgang von Goethe: Glückliche Tage

Ich war grenzenlos glücklich an Friedrikens Seite; gesprächig, lustig, geistreich, vorlaut, und doch durch Gefühl, Achtung und Anhänglichkeit gemäßigt. Sie in gleichem Falle, offen, heiter, teilnehmend und mitteilend. Wir schienen allein für die Gesell-
5 schaft zu leben und lebten bloß wechselseitig für uns. (...)
Unter diesen Umgebungen trat unversehens die Lust zu dichten, die ich lange nicht gefühlt hatte, wieder hervor. Ich legte für Friedriken manchen Lieder bekannten Melodien unter. Sie hätten ein artiges Bändchen gegeben; wenige davon sind übrig ge-
10 blieben, man wird sie leicht aus meinen übrigen herausfinden.
(1811)

Goethe und Friederike Brion. Holzstich um 1890

1.3 Karl Otto Conrady: Das Ende einer Liebe

Genaues über den Ablauf und das Ende dieser Liebesbeziehung wissen wir nicht. Nur Goethe selbst hat im 10. und 11. Buch von *Dichtung und Wahrheit* über die Sesenheimer Zeit berichtet, und was dort steht, ist zwar novellistisch brillant erzählt, späte Beschwörung einer glücklichen und spannungsreichen Jugendzeit, kann aber keineswegs als zuverlässig gelten. Geschickt wird dem Leser zwecks poetischer Einstimmung Oliver Goldsmiths Roman *Der Landprediger von Wakefield* nahegebracht, dann folgt die elsässische Idylle mit den beiden Liebenden in freundlicher Natur- und Menschenumgebung. Weitere Dokumente sind so gut wie nicht vorhanden. (...)
Monate der Liebe und des Glücks hat Goethe mit Friederike Brion erlebt. Die idyllische Darstellung in *Dichtung und Wahrheit* zeugt davon, und besonders die Sesenheimer Gedichte bannen das Erlebnis ins dichterische Wort. Aber dem Jubel des Glücks sind auch Töne der Unsicherheit, des Schwankens, des „und doch" beigemischt: „Ob ich dich liebe, weiß ich nicht. (...)" – „Und doch, welch Glück, geliebt zu werden!/ Und lieben, Götter, welch ein Glück." Wir kennen das schon aus der Leipziger Zeit, aus der Verbindung mit Käthchen Schönkopf.
Warum es zur Trennung von Friederike kam, vermag niemand zu sagen. Wir sollten auf spekulative Rekonstruktionen verzichten und nur notieren, was gewiss ist: dass das Sesenheimer Erleben und die Trennung, die sich offenbar nicht in angenehmen Formen vollzogen hat, den jungen Studenten tief bewegten. Auf Dauer binden wollte er sich nicht, hier ebensowenig wie vorher in Leipzig oder wenige Jahre später in Frankfurt an Lili Schönemann. (...)
Der alte Goethe erinnerte sich, wie sehr ihn Reue beschwert habe. „Gretchen hatte man mir genommen, Annette mich verlassen, hier war ich zum erstenmal schuldig; ich hatte das schönste Herz in seinem Tiefsten verwundet, und so war die Epoche einer düsteren Reue, bei dem Mangel einer gewohnten erquicklichen Liebe, höchst peinlich, ja unerträglich" (DuW 12. B.; 9, 520).
(1982)

2 Friedrich Hölderlin und Susette Gontard

2.1 Friedrich Hölderlin: Brief an Susette Gontard

Susette Gontard, Skulptur um 1790 von Landolin Ohnmacht (1760–1834)

Friedrich Hölderlin

Entwurf von Ende Oktober/Anfang November 1799
Hier unsern Hyperion[1], Liebe! Ein wenig Freude wird diese Frucht unserer seelenvollen Tage Dir doch geben. Verzeih mirs, dass Diotima stirbt. Du erinnerst Dich, wir haben uns ehmals nicht ganz darüber vereinigen können. Ich glaubte, es wäre, der ganzen Anlage nach, nothwendig. Liebste! alles, was von ihr und uns, vom Leben unseres Lebens hie und da gesagt ist, nimm es wie einen Dank, der öfters um so wahrer ist, je ungeschikter er sich ausdrükt. Hätte ich mich zu Deinen Füßen nach und nach zum Künstler bilden können, in Ruhe und Freiheit, ja ich glaube, ich wär' es schnell geworden, wonach in allem Laide mein Herz sich in Träumen und am hellen Tage, und oft mit schweigender Verzweiflung sehnt.

---
1 Roman Hölderlins mit dem Titel „Hyperion oder der Eremit in Griechenland", entstanden 1797–1799. Die Diotima des Buches ist Susette Gontard nachgebildet.

IV Dichterliebe und -leben

Es ist wohl der Thränen alle werth, die wir seit Jahren geweint, dass wir die Freude nicht haben sollten, die wir uns geben können, aber es ist himmelschreiend, wenn wir denken müssen, dass wir beide mit unsern besten Kräften vielleicht vergehen müssen, weil wir uns fehlen. Und sieh! das macht mich eben so stille manchmal, weil ich mich hüten muss vor solchen Gedanken. Deine Krankheit, Dein Brief – es trat mir wieder, so sehr ich sonst verblinden möchte, so klar vor die Augen, dass Du immer, immer leidest, – und ich Knabe kann nur weinen drüber! – Was ist besser, sage mirs, dass wirs verschweigen, was in unserm Herzen ist, oder dass wir uns es sagen! – Immer hab' ich die Memme gespielt, um Dich zu schonen, – habe immer gethan, als könnt' ich mich in alles schiken, als wär ich so recht zum Spielball der Menschen und der Umstände gemacht und hätte kein vestes Herz in mir, das treu und frei in seinem Rechte für sein Bestes schlüge, theuerstes Leben! habe oft meine liebste Liebe, selbst die Gedanken an Dich mir manchmal versagt und verläugnet, nur um so sanft, wie möglich, um Deinetwillen diß Schiksaal durchzuleben, – Du auch, Du hast immer gerungen, Friedliche! um Ruhe zu haben, hast mit Heldenkraft geduldet, und verschwiegen, was nicht zu ändern ist, hast Deines Herzens ewige Wahl in Dir verborgen und begraben, und darum dämmerts oft vor uns, und wir wissen nicht mehr, was wir sind und haben, kennen uns kaum noch selbst; dieser ewige Kampf und Widerspruch im Innern, der muss Dich freilich langsam tödten, und wenn kein Gott ihn da besänftigen kann, so hab' ich keine Wahl, als zu verkümmern über Dir und mir, oder nichts mehr zu achten als Dich und einen Weg mit Dir zu suchen, der den Kampf uns endet.
Ich habe schon gedacht, als könnten wir auch von Verläugnung leben, als machte vieleicht auch diß uns stark, dass wir entschieden der Hofnung das Lebewohl sagten.

IV Dichterliebe und -leben

3 Eduard Mörike und Maria Meyer

3.1 Peter Härtling: Die dreifache Maria

Im Jahre 1823 verliebt sich der junge Student Eduard Mörike (1804–1875) in Maria Meyer, eine schöne junge Frau ungeklärter Herkunft. Aus Gründen der Konvention löst er sich von ihr, obwohl sie mehrfach bei ihm erscheint und um Vorlass bittet. Vergessen kann er sie nicht. Sie ist die Peregrina seiner Gedichte.

Er hat, nachdem sie dreimal erschienen, dreimal von ihm abgewiesen worden war, nie mehr über sie gesprochen. Er hat sie sich förmlich ausgeschwiegen, denn die Elisabeth im Maler Nolten und die Peregrina im Gedicht haben kaum etwas mit ihr zu tun. Noch Jahrzehnte danach, als Hartlaub zaghaft nach ihr fragte, wies er den Freund zurecht: Darüber rede ich nicht.
Hinter dem Nein lauern noch immer verbotene und verweigerte Bilder:
Eine junge, tollkühne Person, die aus erprobter Freiheit auf keine Regel achtet, die sich, immerfort lügend, Wahrheiten zutraut, die ihre Begierden und Hoffnungen nicht unterdrückt, sondern unverhohlen auslebt, die, wenn sie liebt, nicht auf Anstand und Absprache achtet, sondern sich preisgibt, die weiß, dass sie für die Gesellschaft, in die sie geriet und die sie ohne Gewissensbisse ausnützt, ein rätselhaftes Wesen darstellen soll, die schöne Fremde, die romantische Vagantin, die herausbekommen hat, wie sie in die Zeit passt, als Hilflose, Verlorene oder als tanzende Zigeunerin, die nichts besitzt als ihren Mut, ihre Leidenschaft, ihre Kenntnisse, ihre Schläue. Sie kann das Alphabet der Armut und der Niedertracht ebenso buchstabieren wie die frommen Sprüche der Erweckungsprediger. Alles kann sie verbergen, nur die ihr schon als Kind aufgeladene Einsamkeit nicht.
Jeder, dem sie über den Weg lief, schildert sie anders, doch immer als Geheimnisvolle und Flüchtige. War sie verschwunden, hinterließ sie Verwirrte und Verärgerte, Geprellte, die mit einem Mal Spuren der List und der Gemeinheit entdeckten. Aber die Wut legte sich wieder. Es war einfacher von ihr zu schwärmen, als über die Doppeldeutigkeit ihres Wesens nachzudenken.

IV Dichterliebe und -leben

Warum hat Maria ihre Herkunft verschwiegen? Wer brachte ihr bei, nichts zu sein, um mehr zu sein? Sie hatte auf jeden Fall begriffen, dass Armut für Wohlhabende erträglicher wird, wenn sie sich malerisch gibt: Sie erfand ausdrucksvolle Geschichten für ihr Elend, oder sie dachte sich überhaupt ein ganz neues Leben aus. Später, mit siebzehn oder achtzehn, entschloss sie sich zu einer Vergangenheit in Andeutungen, die sich sogar noch widersprachen.

1836, dreizehn Jahre, nachdem er sie in Ludwigsburg zum ersten Mal gesehen hatte, las er in einem Buch über sie. Ein Freund hatte es ihm empfohlen oder geschickt. Der Maler Nolten, die Peregrina-Gedichte waren veröffentlicht, das Vorbild war schon Legende geworden. Bei dem Buch handelte es sich um ‚Erinnerungen, Lebensbilder und Studien aus den ersten 37 Jahren eines teutschen Gelehrten' von dem damals viel gelesenen Schriftsteller und Juristen Ernst Münch.

Er erfuhr, wie Maria der Familie Münch einfach zulief, „eines Morgens beim Frühstück", wie der angeregte Sohn des Hauses sie prüfte, „es war eine herrliche Figur von den edelsten Verhältnissen, von feiner und zarter Hautfarbe und einem Gesichte, dem die mehr infolge erlittenen Kummers, denn als herrschendes Merkmal sichtbare und mit einem gelinden Rot noch immer ringende Blässe einen eigenen Reiz verlieh". Es schüttelte ihn. Es sei geschwollenes, widerwärtiges Geschwätz.

So isch se net gwesa, so net.

(1996)

4 Gottfried Benn und Else Lasker-Schüler

4.1 Gottfried Benn: Rede auf Else Lasker-Schüler

Es war 1912, als ich sie kennenlernte. Es waren die Jahre des „Sturms" und der „Aktion", deren Erscheinen wir jeden Monat oder jede Woche mit Ungeduld erwarteten. Es waren die Jahre der letzten literarischen Bewegung in Europa und ihres letzten geschlossenen Ausdruckswillens. Else Lasker-Schüler war ein knappes Jahrzehnt älter als wir, 1902 war ihr erster Gedichtband „Styx" bei Axel Juncker erschienen, 1911 erschienen ihre „Hebräischen Balladen" bei Alfred Richard Meyer, der *Styx* noch jugendlich, die *Balladen* vollendet in großem Stil. Frau Else Lasker-Schüler wohnte damals in Halensee in einem möblierten Zimmer, und seitdem, bis zu ihrem Tode, hat sie nie mehr eine eigene Wohnung gehabt, immer nur enge Kammern, vollgestopft mit Spielzeug, Puppen, Tieren, lauter Krimskrams. Sie war klein, damals knabenhaft schlank, hatte pechschwarze Haare, kurz geschnitten, was zu der Zeit noch selten war, große rabenschwarze bewegliche Augen mit einem ausweichenden unerklärlichen Blick. Man konnte weder damals noch später mit ihr über die Straße gehen, ohne dass alle Welt stillstand und ihr nachsah: extravagante weite Röcke oder Hosen, unmögliche Obergewänder, Hals und Arme behängt mit auffallendem, unechtem Schmuck, Ketten, Ohrringen, Talmiringe an den Fingern, und da sie sich unaufhörlich die Haarsträhnen aus der Stirn strich, waren diese, man muss schon sagen: Dienstmädchenringe immer in aller Blickpunkt. Sie aß nie regelmäßig, sie aß sehr wenig, oft lebte sie wochenlang von Nüssen und Obst. Sie schlief oft auf Bänken, und sie war immer arm in allen Lebenslagen und zu allen Zeiten. Das war der Prinz von Theben, Jussuf, Tino von Bagdad, der schwarze Schwan.

Und dies war die größte Lyrikerin, die Deutschland je hatte. Mir persönlich sagte sie immer, sagt sie auch heute mehr als die Droste, als Sophie Mereau oder Ricarda Huch. Ihre Themen waren vielfach jüdisch, ihre Phantasie orientalisch, aber ihre Sprache war deutsch, ein üppiges, prunkvolles, zartes Deutsch, eine Sprache reif und süß, in jeder Wendung dem Kern des Schöpferischen entsprossen. Immer unbeirrbar sie selbst, fana-

IV Dichterliebe und -leben

tisch sich selbst verschworen, feindlich allem Satten, Sicheren, Netten, vermochte sie in dieser Sprache ihre leidenschaftlichen Gefühle auszudrücken, ohne das Geheimnisvolle zu entschleiern und zu vergeben, das ihr Wesen war. (...)
1913 erschien von mir ein kleines Gedichtheft, das ich Else Lasker-Schüler widmete, die Widmung lautete: „E.L.-S. – ziellose Hand aus Spiel und Blut." In den *Gesammelten Gedichten*, die sie 1917 bei Kurt Wolff herausgab, ist ein Zyklus enthalten, der *Dr. Benn* heißt. Sie nannte mich Giselheer oder den Nibelungen oder den Barbar. Ein Gedicht darin gehört zu den schönsten und leidenschaftlichsten, die sie je geschrieben hat. Sie schrieb darüber: „Letztes Lied an Giselheer", und der Titel des Gedichts ist: Höre.

> Ich raube in den Nächten
> Die Rosen deines Mundes,
> Daß keine Weibin Trinken findet.
>
> Die dich umarmt,
> Stiehlt mir von meinen Schauern,
> Die ich um deine Glieder malte.
>
> Ich bin dein Wegrand.
> Die dich streift,
> Stürzt ab.
>
> Fühlst du mein Lebtum
> Überall
> Wie ferner Saum?

Dieses Lebtum als fernen Saum hab ich immer gefühlt, alle Jahre, bei aller Verschiedenheit der Lebenswege und Lebensirrungen. Darum stehe ich heute hier, sieben Jahre nach ihrem Tod. Ich weiß nicht, ob die Gräber in Israel Hügel haben wie bei uns, oder ob sie flach sind wie in einigen anderen Ländern. Aber wenn ich an dieses Grab denke, wünsche ich immer, daß eine Zeder vom Libanon in seiner Nähe steht, aber auch, daß der Duft von Jaffa-Orangen die glühende Luft jenes Landstrichs über diesem deutschen Grab heimatlich lindert und kühlt.
(1952)

V Die verlassene Geliebte

1 Karoline Günderode: Brief an Friedrich Creuzer[1]

Karoline von Günderode. Lithographie von C. Lang

Ich sende dir ein Schnupftuch, das für dich von nicht geringer Bedeutung sein soll als das, welches Othello der Desdemona schenkte. Ich habe es lange, um es zu weihen, auf meinem Herzen getragen. Dann habe ich mir die linke Brust gerade über dem Herzen aufgeritzt und die hervorgehenden Blutstropfen auf dem Tuch gesammelt. Siehe, so konnte ich das Zarteste für dich verletzen. Drücke es an deine Lippen; es ist meines Herzens Blut! So geweiht, hat dieses Schnupftuch die seltene Tugend, dass es vor allem Unmut und Zweifel verwahrt. Ferner wird es dir ein zärtliches Pfand sein.

(1806)

---

1 Friedrich Creuzer, ein Heidelberger Professor, war der verheiratete Geliebte Karolines, der sich letztlich nicht entschließen konnte, seine Frau zu verlassen.

2 Susanne von Heyden: Brief an Hektor von Günderode

Frankfurt, den 28. Juli 1806
Ich muss eilen, Herr von Günderode, Sie von einer Begebenheit zu unterrichten, die mir das Herz zerreißt, ehe das Gerücht mir zuvorkommt. Die Verbindung, in der Ihre Schwester meine einzige Karoline, mit Creuzer stand, ist Ihnen bekannt. Beifolgende zwei Briefe von Daub an mich werden Ihnen die Lage der Dinge sagen, wie sie noch vor kurzem war, ehe ein fürchterliches Misslingen jeder Vorsicht das Unglück Linens herbeiführte. Aus dem zweiten Brief von Daub werden Sie sehen, dass ich alles anwandte, diesen Kummer von Linen abzuwenden. Ich schrieb, da alle Vorstellungen unnütz waren, beifolgenden Brief an Lotte Servière in Langenwinkel, im Rheingau, wo Karoline war, nebst beifolgendem Brief an Lina, um durch diese Linen vorzubereiten; allein ungeachtet ich die Adresse an Lotten mit verstellter Hand und Siegel gemacht hatte, eilte Karoline, die seit langer Zeit auf Briefe gewartet hatte, dem Boten entgegen, erbrach den Brief und ging in ihr Zimmer von wo sie bald wieder herauskam und ganz heiter scheinend Lotten Adieu sagte, sie wolle am Rhein, wie sie oft tat, spazieren gehen, kam aber nicht wieder. Beim Nachtessen wurde sie vermisst; man eilte auf ihr Zimmer, fand die erbrochenen Briefe und bange Sorge erfüllte die guten Mädchen. Sie suchten die ganze Nacht; früh fand man die unglückliche Lina tot am Ufer; ihr Ihnen wohlbekannter Dolch hatte das Herz des Engels durchstochen. Sie konnte nicht leben ohne Liebe, ihr ganzes Wesen war aufgelöst in Lebensmüdigkeit. Sie, der sie liebte, wie wenige Brüder lieben, fühlen, wie schmerzlich ihr Verlust mir ist; mein halbes Leben liegt mit ihr im Grabe. Ich wollte nicht, dass jemand, der sie nicht so liebt wie ich, Ihnen diese Trauernachricht gäbe. Ich erbitte von Ihrer Liebe zu Linen, diese fünf Briefe wieder als ein Andenken zurück; den letzten fand man angefangen in ihrem Zimmer, er ist an Creuzer. Line dachte klein von allen diesen Welturteilen, ihr Herz war größer denn diese Welt; nur die innigste Liebe konnte es lebend erhalten; als diese starb, brach auch ihr Herz; kein Mensch kannte diesen Engel so wie ich. Leben Sie besser bei diesem Verlust wie ich.

3 Christa Wolf: „Unstillbares im Leben"

Gekannt werden – der inständige Wunsch von Frauen, die nicht durch den Mann, sondern durch sich selber leben wollen: Hier scheinen seine Wurzeln zu sein, und er setzt sich fort bis heute und ist auch heute noch seltener erfüllt als unerfüllt, weil das Losungswort „Persönlichkeit!", unter dem das Bürgertum angetreten, von der Masse der Produzenten niemals eingelöst werden konnte. Eine kühne Idee, zwischen Mann und Frau könnten andre Beziehungen walten als die von Herrschaft, Unterordnung, Eifersucht, Besitz: gleichberechtigte, freundschaftliche, hilfreiche. Schwester sein, Freund (die männliche Form!) – unerhörte Angebote. Beweis dafür, daß Not und Bedrängnis zu phantastischen Einfällen führen, die niemals zu verwirklichen, doch auch niemals mehr ganz und gar aus der Welt zu schaffen sind.

Die Sprache, die die Günderrode mit sich selber spricht, das Gedicht, hört sich anders an.

Ihr Gedicht „Liebe" ist eines der ersten vollkommen offenen Liebesgedichte einer Frau in der deutschen Literatur, unverkappt, uneingekleidet. Ein Gedicht, hervorgetrieben vom unlösbaren Widerspruch, gehalten von der Spannung der einander ausschließenden Elemente, Zeugnis dieser Spannung: gebändigte Unmittelbarkeit. „Gedichte sind Balsam auf Unstillbares im Leben."

Wer so weit gegangen ist, die Mittel ausprobiert, seine Wirkung an sich erfahren hat, kann nicht mehr zurück. Er kann nur um jeden Preis dies merkwürdige Instrument entwickeln, das, indem es einen Schmerz bewältigt, einen neuen hervorbringt: sich selbst. Dieses Subjektwerden aber läuft dem Zeitgeist entgegen, der auf Nützlichkeit, Verwertbarkeit, die Verwandlung aller Verhältnisse in Tauschwerte dringt. Als habe ein böser Zauber die Dinge und Menschen berührt. Wie sollte ihnen nicht unheimlich werden? Wie sollten sie nicht böse Ahnungen haben und sie in bösen, unheimlichen Märchen ausdrücken? Wie sich dem Gefühl der Sinnentleerung entziehn. („Dies Zeitalter deucht mir schal und leer, ein sehnsuchtsvoller Schmerz zieht mich gewaltig in die Vergangenheit.")

V Die verlassene Geliebte

(...) Denn was realistisch ist, bestimmen die Männer, die über Politik, Produktion, Handel und Forschung verfügen; indem sie sich um des wirklich Wichtigen, das heißt, um der Geschäfte oder des Staatsdienstes willen, ihren Frauen als ganze Person entziehn, erfahren diese einen schrecklichen Realitätsverlust und zugleich ihre eigne Minderwertigkeit, werden kindisch oder zu rachsüchtigen Furien, stilisieren sich zur „schönen Seele" hinauf oder zur biedersittsamen Hausfrau hinunter, fühlen sich überflüssig und halten den Mund. Unter den wenigen, die reden, dichten, singen, wird die Mehrzahl versuchen, ihren Schwestern ihr Los schmackhaft zu machen: Die „Frauenliteratur" beginnt. (...)

Dem Gedicht „Ein Kuß im Traume" – das Blatt liegt in der Deutschen Staatsbibliothek Unter den Linden – hat sie hinzufügen müssen: „S.-g: ist wahr. Solche Dinge träumt das Günderrödchen, und von wem? von jemand, der sehr lieb ist und immer geliebt wird." Vergleicht man das Gedicht mit der Nachschrift: Welchen Grad von Freiheit und Unabhängigkeit verleiht die Kunst, der Zwang zur Form! Sehr möglich, daß die Günderrode, erschreckt durch ihre Fähigkeit, fühlend zu denken, ja zu formen – Voraussetzung und Zwiespalt jeder Kunstausübung –, sich selbst der Flüchtigkeit und Kälte bezichtigt. Als Dichterin ist sie authentisch, das heißt, sie war es auch als Mensch. „Traum" und „Schmerz" werden ihr Schlüsselwörter, aber sie bedient sich nicht zeitgemäßer Versatzstücke. Wenn sie „Traum" sagt, hat sie geträumt, wenn sie „Schmerz" sagt, leidet sie. Wehleidig ist sie nicht. (...)

(1979)

VI Definitionen der Liebe

1 Hildegard von Bingen: Vom Wesen der Liebe

In einer wahren Schau meines Geistes, mit wachem Körper, sah ich ein überaus schönes Mädchen. Es strahlte in solch hellem Leuchten seines Antlitzes, dass ich nicht vollkommen hineinzuschauen vermochte. Es trug einen Mantel, weißer als Schnee
5 und leuchtender als die Sterne. Auch hatte es Schuhe an wie aus reinstem Golde. Auf seiner Brust war eine Tafel aus Elfenbein, auf der eine Menschengestalt von saphirblauer Farbe erschien. Und alle Welt nannte dieses Mädchen seine Herrin. Das Mädchen sprach nun zu der Gestalt, die auf seiner Brust erschien:
10 Bei dir ist die Herrschaft am Tage deiner Kraft, im Glanze der Heiligen!
Und ich hörte eine Stimme, die zu mir sprach: Das Mädchen, das du da siehst, ist die Liebe. In der Ewigkeit hat sie ihre Heimat. Denn als Gott die Welt erschaffen wollte, da neigte Er sich herab
15 in der zärtlichsten Liebe. Alles Lebensnotwendige sah Er voraus, und dies ganz in der Weise, wie auch ein Vater seinem Sohne das Erbe bereitet. Und so bildete Er in glühendem Liebeseifer alle Seine Werke. Damals erkannte die Schöpfung in all ihren Arten und Gestalten ihren Schöpfer. Denn die Liebe war im Ur-
20 grund dieser Schöpfung schon da, als Gott sprach: Es werde! Und es ward. Wie in einem Augenblick wurde die ganze Welt da durch die Liebe gebildet. (...)
Die ganze Welt nennt daher auch dieses Mädchen „Herrin". Denn aus der Liebe ist die Schöpfung hervorgegangen, weil die
25 Liebe das Allererste war. Aus Liebe hat Gott sich um des Menschen willen mit der menschlichen Natur bekleidet. Denn wie die ganze Welt auf Gottes Geheiß vollendet ward, da Er sprach: „Wachset und mehret euch und erfüllet die Erde!", so stieg auch die Glut der wahren Sonne wie ein Tau in den Schoß der Jung-
30 frau hernieder und bildete aus ihrem Fleisch den Menschensohn, so wie sie auch aus dem Lehm der Erde Adam zu Fleisch und Blut gebildet hatte.
Zum Wesen der Liebe aber gehört weiterhin, dass man sie sich

VI Definitionen der Liebe

ohne Flügel gar nicht denken kann. Denn als das Geschöpf im Anfang das All umkreiste, so dass es in diesem Drang aufliegen wollte und doch nur fiel, da hoben die Schwingen der Liebe es wieder empor. Das war die heilige Demut. Als nämlich diese schreckliche Gesinnung den Adam zu Boden warf, da achtete Gott genau darauf, dass er im Fallen nicht ganz und gar zugrunde gehe, weil Er ihn ja durch die heilige Menschwerdung erlösen wollte. Diese Flügel waren von großer Macht, weil die Demut den verlorengegangenen Menschen aufhob. Dies geschah durch die Menschheit des Erlösers.

Die Liebe hat den Menschen erschaffen; die Demut hat ihn erlöst. Die Hoffnung aber ist wie das Auge der Liebe; die Liebe zum Himmlischen ist ihr Zusammenhalt. Der Glaube ist gleichsam das Auge der Demut, der Gehorsam ihr Herz, die Verachtung des Bösen ihr Zusammenhalt. Die Liebe war in Ewigkeit und brachte im Anfang aller Heiligkeit jedwedes Geschöpf ohne Beimischen eines Bösen hervor. Und so hat die Liebe auch Adam und Eva aus der reinen Natur der Erde erzeugt. Wie diese beiden alle Menschenkinder hervorbrachten, so bringen auch diese beiden Tugenden alle übrigen Tugendkräfte ans Licht.

(1163/1174)

VI Definitionen der Liebe

2 Max Frisch: Du sollst dir kein Bildnis machen

Es ist bemerkenswert, daß wir gerade von dem Menschen, den wir lieben, am mindesten aussagen können, wie er sei. Wir lieben ihn einfach. Eben darin besteht ja die Liebe, das Wunderbare an der Liebe, dass sie uns in der Schwebe des Lebendigen hält, in der Bereitschaft, einem Menschen zu folgen in allen seinen möglichen Entfaltungen. Wir wissen, daß jeder Mensch, wenn man ihn liebt, sich wie verwandelt fühlt, wie entfaltet, und daß auch dem Liebenden sich alles entfaltet, das Nächste, das lange Bekannte. Vieles sieht er wie zum ersten Male. Die Liebe befreit es aus jeglichem Bildnis. Das ist das Erregende, das Abenteuerliche, das eigentlich Spannende, daß wir mit den Menschen, die wir lieben, nicht fertigwerden: weil wir sie lieben; solang wir sie lieben. Man höre bloß die Dichter, wenn sie lieben; sie tappen nach Vergleichen, als wären sie betrunken, sie greifen nach allen Dingen im All, nach Blumen und Tieren, nach Wolken, nach Sternen und Meeren. Warum? So wie das All, wie Gottes unerschöpfliche Geräumigkeit, schrankenlos, alles Möglichen voll, aller Geheimnisse voll, unfaßbar ist der Mensch, den man liebt –

Nur die Liebe erträgt ihn so.
Warum reisen wir?
Auch dies, damit wir Menschen begegnen, die nicht meinen, dass sie uns kennen ein für allemal; damit wir noch einmal erfahren, was uns in diesem Leben möglich sei –
Es ist ohnehin schon wenig genug.

Unsere Meinung, daß wir das andere kennen, ist das Ende der Liebe, jedesmal, aber Ursache und Wirkung liegen vielleicht anders, als wir anzunehmen versucht sind – nicht weil wir das andere kennen, geht unsere Liebe zu Ende, sondern umgekehrt: weil unsere Liebe zu Ende geht, weil ihre Kraft sich erschöpft hat, darum ist der Mensch fertig für uns. Er muß es sein. Wir können nicht mehr! Wir künden ihm die Bereitschaft, auf weitere Verwandlungen einzugehen. Wir verweigern ihm den Anspruch alles Lebendigen, das unfaßbar bleibt, und zugleich sind wir verwundert und enttäuscht, daß unser Verhältnis nicht mehr lebendig sei.

VI Definitionen der Liebe

„Du bist nicht", sagt der Enttäuschte oder die Enttäuschte: „wofür ich dich gehalten habe."
Und wofür hat man sich denn gehalten?
Für ein Geheimnis, das der Mensch ja immerhin ist, ein erregendes Rätsel, das auszuhalten wir müde geworden sind. Man macht sich ein Bildnis. Das ist das Lieblose, der Verrat.

Man hat darauf hingewiesen, das Wunder jeder Prophetie erkläre sich teilweise schon daraus, daß das Künftige, wie es in den Worten eines Propheten erahnt scheint und als Bildnis entworfen wird, am Ende durch eben dieses Bildnis verursacht, vorbereitet, ermöglicht oder mindestens befördert worden ist –
Unfug der Kartenleserei.
Urteile über unsere Handschrift.
Orakel bei den alten Griechen.
Wenn wir es so sehen, entkleiden wir die Prophetie wirklich ihres Wunders? Es bleibt noch immer das Wunder des Wortes, das Geschichte macht: –
„Im Anfang war das Wort."
(...)
In gewissem Grad sind wir wirklich das Wesen, das die andern in uns hineinsehen, Freunde wie Feinde. Und umgekehrt! auch wir sind die Verfasser der andern; wir sind auf eine heimliche und unentrinnbare Weise verantwortlich für das Gesicht, das sie uns zeigen, verantwortlich nicht für ihre Anlage, aber für die Ausschöpfung dieser Anlage. Wir sind es, die dem Freunde, dessen Erstarrtsein uns bemüht, im Wege stehen, und zwar dadurch, daß unsere Meinung, er sei erstarrt, ein weiteres Glied in jener Kette ist, die ihn fesselt und langsam erwürgt. Wir wünschen ihm, daß er sich wandle, o ja, wir wünschen es ganzen Völkern! Aber darum sind wir noch lange nicht bereit, unsere Vorstellung von ihnen aufzugeben. Wir selber sind die letzten, die sie verwandeln. Wir halten uns für den Spiegel und ahnen nur selten, wie sehr der andere seinerseits eben der Spiegel unsres erstarrten Menschenbildes ist, unser Erzeugnis, unser Opfer –.
(1946/1950)

VI Definitionen der Liebe

3 Stefan Klein: Ist Liebe eine Sucht?

Im Hochgefühl der Liebe erscheint der Partner als ein ganz besonderes Wesen. Nichts und niemand kann uns in solch euphorische Stimmung versetzen wie er oder sie, wenn wir verliebt sind. Diese romantischen Gefühle gehen im Gehirn häufig mit einem eigentümlichen Zustand der Erregung einher, in dem sich die Grenzen der eigenen Person aufzulösen scheinen. Dichter haben diese Erfahrung seit jeher beschrieben; vor kurzem haben die Londoner Forscher Andreas Bartels und Semir Zeki gezeigt, dass der Rausch des Verliebtseins auch der Wissenschaft zugänglich ist. Über das Internet suchten sie Versuchspersonen, die sich glaubhaft als von „echter, tiefer und verrückter Liebe" besessen beschrieben. Die meisten waren Frauen.

Um festzustellen, was den Zustand des Verliebtseins ausmacht, baten Bartels und Zeki ihre Probanden zur Kernspintomographie. Dort zeigten sie den Teilnehmerinnen zunächst Fotos von Freunden, zu denen die Frauen keine sexuelle Beziehung hatten, und forderten sie auf, intensiv an diese Menschen zu denken. Währenddessen zeichneten die Wissenschaftler die Aktivität ihrer Gehirne auf.

Dann wurden die Bilder von Freunden durch Porträts der Geliebten ersetzt. Nun sollten die Versuchspersonen an ihre Partner denken, während ihre Gehirne ein zweites Mal durchleuchtet wurden. Der Vergleich beider Aufnahmen ließ erkennen, was die Beschäftigung mit der geliebten Person im Gehirn bewirkt: Bartels und Zeki stellten ein Muster der Hirnaktivität ganz ähnlich wie unter dem Einfluss von Drogen fest. Die Euphorie des Verliebtseins ist also der Rauschwirkung von Heroin oder Kokain durchaus vergleichbar.

Das ist neurobiologisch gesehen nicht verwunderlich, denn Drogen einerseits und die Liebeselixiere Oxytocin und Vasopressin andererseits wirken auf dieselben Schaltungen im Gehirn. Beide sprechen Systeme an, in denen Dopamin, das Hormon des Begehrens, eine wesentliche Rolle spielt. Das muss so sein, damit eine Bindung an den Partner entstehen kann: Dopamin steuert ja, wie wir gesehen haben, die Aufmerksamkeit und weckt das Verlangen.

VI Definitionen der Liebe

Der Neuropsychologe Jaak Panksepp vergleicht denn auch die Liebe mit einer Sucht: Im einen Fall entsteht eine Bindung an die Droge, im anderen an eine Person. Die Verwandtschaft zeigt sich besonders deutlich im Moment der Trennung – dem Entzug von der Droge oder dem Abschied von dem oder der Geliebten. Gefühle von Einsamkeit und Leere, Appetitverlust, Niedergeschlagenheit, Schlaflosigkeit und Reizbarkeit sind in beiden Fällen die Folge.

Gegen die angenehme Wirkung einer Droge stumpft der Süchtige gewöhnlich ab, und auch die Reize eines geliebten Menschen können mitunter ihre Wirkung einbüßen. Trotzdem begegnen wir oft Paaren, deren Augen noch nach Jahrzehnten des Zusammenseins strahlen, wenn sie den anderen erblicken. Es muss also einen Mechanismus geben, der der Abstumpfung in der Liebe entgegenwirkt und Menschen davor bewahren kann, unter ihrem Partner wie unter einer Droge zu leiden.

Auch daran scheint Oxytocin beteiligt zu sein. Tierversuche deuten darauf hin, dass dieses Hormon die Gewöhnung an gute Gefühle zumindest abschwächen kann. Sollten sich diese Ergebnisse bestätigen, dann hieße die Zauberformel für eine über lange Zeit lebendige Liebe: Sex. Schließlich wird Oxytocin während des Höhepunkts bei Mann und Frau ausgeschüttet; möglicherweise wirkt es wie ein Jugendelixier für die Partnerschaft, das die Leidenschaft am Kochen hält.

(2002)

Inhaltsverzeichnis

I	**Zugänge**	106
1	„Liebe, was ist das eigentlich?"	106
2	Sprüche über die Liebe	108
3	Das unbekannte Wesen	109
4	„Love me tender …"	110
II	**Liebe und Liebeslyrik im Wandel der Zeit**	112
1	Liebe und Liebeslyrik im Mittelalter	112
2	Liebesdichtung zur Zeit des Barock	115
2	Die Liebe und die Menschen in klassischen Zeiten	116
4	Schreiben und Leben in romantischer Zeit	118
5	Liebe und Gedichte im 20. Jahrhundert	122
III	**Männerbilder – Frauenbilder**	126
1	Der männliche Blick	126
2	Ruth Klüger: Die weibliche Sicht	128
3	Zauberwesen Frau	130
4	Friedrich de la Motte Fouqué: Undine	131
5	Ingeborg Bachmann: Undine geht	132
6	Simone de Beauvoir: Liebe – die Religion der Frau	134
IV	**Dichterliebe und -leben**	137
1	J. W. von Goethe und Friederike Brion	137
2	Friedrich Hölderlin und Susette Gontard	140
3	Eduard Mörike und Maria Meyer	142
4	Gottfried Benn und Else Lasker-Schüler	144
V	**Die verlassene Geliebte**	146
1	Karoline Günderode: Brief an Friedrich Creuzer	146
2	Brief an den Bruder Karolines	147
3	Christa Wolf: „Unstillbares im Leben"	148
VI	**Definitionen der Liebe**	150
1	Hildegard von Bingen: Vom Wesen der Liebe	150
2	Max Frisch: Du sollst dir kein Bildnis machen	152
3	Stefan Klein: Ist Liebe eine Sucht?	154

Inhaltsverzeichnis	156
Text- und Bildquellen	157

Textquellenverzeichnis

S. 7: Ralf Thenior : Die Fastfrau, aus : Aber besoffen bin ich von dir, Liebesgedichte, hrsg. von Jan Hans, © 1979 by Rowohlt Taschenbuchverlag, Reinbek bei Hamburg, S. 80. **S. 7:** Robert Wohlleben: Abends, aus: Aber besoffen bin ich von dir, a. a. O., S. 5. **S. 8:** Unbekannter Verfasser : Ich will trûren varen lân, aus : Deutsche Lyrik des Mittelalters, Manesse Verlag, Zürich 1955. **S. 9:** Novalis: Walzer, aus: Novalis, Werke, Briefe und Tagebücher in drei Bänden. Hrsg. von Hans-Joachim Mähl und Richard Samuel, Hanser Verlag, München 1978. **S. 9:** Johann Wolfgang von Goethe: Mignon-Lied, aus: J.W. v. Goethe, Sämtliche Werke Jubiläumsausgabe, J.G Cotta'sche Buchhandlung, Stuttgart o. J. **S. 10:** Ernst Jandl: liegen, bei dir, in: Ernst Jandl: Gesammelte Werke. Gedichte, Stücke, Prosa. Hrsg. von Klaus Siblewski, Luchterhand Literaturverlag, München 1985. **S. 11:** Theodor Storm: Hyazinthen, nach: Theodor Storm, Werke, hrsg. von Theodor Hertl, Leipzig o. J. **S. 10:** Ulla Hahn: Bildlich gesprochen, aus: Ulla Hahn, Herz über Kopf, Gedichte, Deutsche Verlags-Anstalt, Stuttgart 1981, S. 48. **S. 12:** Stefan George: Im windes-weben , aus: Stefan George: Werke in zwei Bänden, Bd. 1, hrsg. von Robert Boehringer, Klett-Cotta Verlag, Stuttgart 1984. **S. 12:** Heinrich Heine: Ein Jüngling liebt ein Mädchen, aus: Heinrich Heine, Sämtliche Schriften, hrsg. von Klaus Briegleb, Hanser Verlag, München 1968 ff. **S. 13:** Sarah Kirsch: Wintermusik, aus: Sarah Kirsch, Erlkönigs Tochter, Deutsche Verlagsanstalt, Stuttgart 1982. **S. 14:** Der von Kürenberg: Ich zôch mir einen valken, aus: Deutsche Lyrik des Mittelalters a. a. O. **S. 15:** Dietmar von Eist: Ûf der linden obenê, aus: Deutsche Lyrik des Mittelalters a. a. O. **S.16:** Walther von der Vogelweide : Under der linden, aus: Walther von der Vogelweide, Gedichte, ausgewählt und übersetzt von Peter Wapnewski, Fischer Taschenbuchverlag, Frankfurt am Main 1962. **S. 18:** Unbekannter Verfasser : Waldvögelein, aus: Deutsches Leben im Volkslied um 1530, hrsg. von R. von Liliencron, Stuttgart o. J. **S. 19:** Martin Opitz: Ach Liebste, lass uns eilen, aus: Geistliche Poemata, Breslau 1638, (Nachdruck 1966) – Weltliche Poemata , II. Teil, Frankfurt am Main 1644 (Nachdruck 1975). **S. 20:** Catharina Regina von Greiffenberg: Gegen Amor, aus: Sieges-Seule der Buße und des Glaubens, Nürnberg 1675. Zitiert nach: Deutsche Dichterinnen, vom 16. Jahrhundert bis zur Gegenwart, hrsg. von Gisela Brinker-Gabler, Fischer Taschenbuchverlag, Frankfurt am Main 1978, S. 92. **S. 21:** Philipp von Zesen: Lied, aus: Barocklyrik. Die Pegnitz-Schäfer. Nürnberger Barockdichtung, hrsg. von E. Mannack, Reclam Verlag, Stuttgart 1968. **S. 22:** Friedrich Gottlieb Klopstock: Das Rosenband, aus: F. G. Klopstock, Oden, hrsg. von F. Muncker und J. Pawel, Stuttgart 1889. **S. 23:** Friedrich von Hagedorn: Die Küsse, aus: Friedrich von Hagedorn, Gedichte, hrsg. von Alfred Anger, Reclam Verlag, Stuttgart 1968. **S. 23:** Christian Felix Weiße: Der Kuss, aus: Kleine lyrische Gedichte von C. F. Weiße, Schrämbl, Wien 1793. **S. 24:** Johann Wolfgang von Goethe: Mit einem gemalten Band, aus: Sämtliche Werke a.a.O. **S. 24:** Johann Wolfgang von Goethe: Mailied, aus: Sämtliche Werke a. a. O. **S. 26:** Johann Wolfgang von Goethe: Ganymed, aus: Sämtliche Werke, a.a.O. **S. 27:** Johann Wolfgang von Goethe: Selige Sehnsucht, aus, Sämtliche Werke., a. a. O. **S. 28:** Johann Wolfgang von Goethe: Selige Sehnsucht, aus: Sämtliche Werke, a. a. O. **S. 29:** Friedrich Schiller: Hektors Abschied, aus: Friedrich Schiller, Sämtliche Werke in 5 Bänden, hrsg. von G. Fricke und H. G. Göpfert, Hanser Verlag, München 1968. **S. 30:** Novalis: Hymnen an die Nacht, aus: Novalis, Schriften, Band I, hrsg. von Paul Kluckhohn und Richard Samuel, W. Kohlhammer Verlag, Stuttgart 1960. **S. 31:** Joseph von Eichendorff: Das zerbrochene Ringlein, aus: Joseph von Eichendorff, Sämtliche Werke in vier Bänden, Bd. 1, hrsg. von Wolfdieter Rasch, Hanser Verlag, München 1981. **S. 32:** Joseph von Eichendorff: Mondnacht, aus: Joseph von Eichendorff, Werke, a. a. O. **S. 33:** Joseph von Eichendorff: Nachtzauber, aus: Joseph von Eichendorff, Werke, a. a. O. **S. 34:** Clemens Brentano : Hörst du wie die Brunnen rauschen, aus: Clemens Brentano, Werke, hrsg. von W. Frühwald, B. Gajek, F. Kemp, Hanser Verlag, München 1968. **S. 34:** Heinrich Heine: Wahrhaftig, aus: Heinrich Heine, Sämtliche Schriften, hrsg. von Klaus Briegleb, München 1968 ff. **S. 35:** Heinrich Heine: Auf Flügeln des Gesanges, aus: Heinrich Heine, Sämtliche Schriften, a.a. O. **S. 36:** Eduard Mörike: Nimmersatte Liebe, aus: Eduard Mörike, Sämtliche Werke in vier Bänden, Bd. 1, hrsg. von Helmut G. Göpfert, Hanser Verlag, München 1981. **S. 37:** Eduard Mörike, Gesang zu Zweien in der Nacht, aus: Eduard Mörike, Werke, a.a. O. **S. 39:** Conrad Ferdinand Meyer : Zwei Segel, aus: Conrad Ferdinand Meyer, Sämtliche Werke, hrsg. von H. Zeller und A. Zäch, Benteli Verlag, Bern 1963. **S. 38:** Theodor Storm: Die Nachtigall, aus: Theodor Storm, Werke, hrsg. von F. Zinkernagel, Leipzig o. J. **S. 40:** Hugo von Hofmannsthal: Die Beiden, aus: Hugo von Hofmannsthal, Gesammelte Werke, hrsg. von H. Steiner, S. Fischer Verlag, Frankfurt am Main 1952. **S. 41:** Hugo von Hofmannsthal: Dein Antlitz, aus : Hugo von Hofmannsthal, Gesammelte

Textquellenverzeichnis

Werke, a. a. O. **S. 42:** Rainer Maria Rilke : Liebes-Lied, aus : Rainer Maria Rilke, Sämtliche Gedichte in einem Band, Insel Verlag, Frankfurt am Main 1983. **S. 43:** Rainer Maria Rilke: Östliches Tagelied, aus: Rainer Maria Rilke, Sämtliche Gedichte, a. a. O. **S. 44:** Georg Heym: Letzte Wache, aus: Georg Heym, Gedichte, ausgewählt von Harald Hartung, R. Piper Verlag, München 1986. **S. 45:** Else Lasker-Schüler: Mein Liebeslied, aus: Else Lasker-Schüler, Sämtliche Gedichte. Hrsg. von Friedhelm Kemp, Kösel Verlag, München 1966 © Suhrkamp Verlag, Frankfurt am Main. **S. 46:** Gottfried Benn: Nachtcafe, aus: Gottfried Benn. Sämtliche Werke. Stuttgarter Ausgabe. In Verb. m. Ilse Benn hrsg. v. Gerhard Schuster (Bände 1–V) und Holger Hof (Bände VI+VII). Band I: Gedichte 1. Klett-Cotta, Stuttgart 1986, S. 18. **S. 47:** Mascha Kaleko: Auf einen Cafe-Tisch gekritzelt. © Gisela Zoch-Westphal. **S. 48:** Erich Kästner : Sachliche Romanze, aus : Erich Kästner, Herz auf Taille. © Atrium Verlag, Zürich und Thomas Kästner. **S. 49:** Bertolt Brecht: Die Liebenden, aus: Bertolt Brecht, Gesammelte Werke in 20 Bänden, Frankfurt am Main 1967. **S. 50:** Gottfried Benn: Blaue Stunde, aus: Gottfried Benn, a. a. O. **S. 52:** Paul Celan: Corona, aus: Paul Celan, Gesammelte Werke, 1. Band, Gedichte I, Suhrkamp Verlag, Frankfurt am Main 1983. **S. 53:** Ingeborg Bachmann : Dunkles zu sagen, aus: Ingeborg Bachmann, Sämtliche Gedichte, Piper und Co. Verlag, München 1978, S. 42. **S. 54:** Karl Krolow : Liebesgedicht, aus: Karl Krolow: Tage und Nächte, Eremitenpresse, Düsseldorf 1956. **S. 55:** Sarah Kirsch : Ich wollte meinen König töten, aus: Sarah Kirsch, Zaubersprüche, Verlag Langewiesche-Brandt, Ebenhausen 1974. **S. 56:** Reiner Kunze: Rudern zwei, aus: Rainer Kunze, Das Gespräch mit der Amsel, S. Fischer Verlag, Frankfurt am Main, 1984. **S. 56:** Christoph Meckel: Speisewagen, aus: Christoph Meckel, Wen es angeht, Eremiten-Presse, Düsseldorf 1974. **S. 57:** Durs Grünbein: Wussten wir, was den Reigen in Gang hält, aus: Durs Grünbein, Falten und Fallen, Gedichte, Suhrkamp Verlag, Frankfurt am Main 1994. **S. 58:** Ulla Hahn: Liebeslied 2001, aus: Ulla Hahn, So offen die Welt, Deusche Verlagsanstalt, München 2004. **S. 59:** Christian Hoffmann von Hoffmannswaldau: Beschreibung vollkommener Schönheit, aus: Herrn von Hoffmannswaldaus und andrer Deutschen auserlesene und ungedruckte Gedichte, nach einem Druck vom Jahre 1697, Niemeyer Verlag, Tübingen 1961–65. **S. 60:** Johann Wolfgang von Goethe: Heidenröslein, aus: Sämtliche Werke a. a. O. **S. 61:** Friedrich Schiller: Die Begegnung , aus: Friedrich Schiller, a. a. O. **S. 62:** Joseph von Eichendorff : Waldgespräch, aus: Joseph von Eichendorff, a. a. O. **S. 63:** Heinrich Heine: Loreley, aus: Sämtliche Schriften a. a. O. **S. 65:** Rainer Maria Rilke: Mädchen, Dichter sind, die von euch lernen, aus: Rainer Maria Rilke, a. a. O. **S. 66:** Bertolt Brecht: Erinnerung an die Marie A., a. a. O. **S. 64:** Adelbert von Chamisso: Frauenliebe und -leben, aus: Adelbert von Chamisso, Werke, hrsg. von M. Sydow, Berlin o. J. **S. 67:** Karin Kiwus: Im ersten Licht, aus: Karin Kiwus, Das Chinesische Examen, Gedichte, Suhrkamp Verlag, Frankfurt am Main 1992. **S. 69:** Doris Runge: Du also, aus: Doris Runge, du also, Gedichte, Deutsche Verlagsanstalt, München 2003, S. 53. **S. 68:** Ulla Hahn: Verbesserte Auflage, aus: Ulla Hahn, Herz über Kopf , a. a. O., S. 56. **S. 70:** Johann Wolfgang von Goethe: Willkommen und Abschied, aus: Werke, a. a. O. **S. 71:** Johann Wolfgang von Goethe : Warum gabst du uns die tiefen Blicke, aus: Werke, a. a. O. **S. 73:** Friedrich Hölderlin: Der Abschied, aus: Friedrich Hölderlin, Sämtliche Werke, Band 2, Stuttgarter Hölderlin-Ausgabe von Friedrich Beißner, Kohlhammer Verlag, Stuttgart 1953. **S. 75:** Eduard Mörike: Peregrina, aus: Eduard Mörike, Werke, a. a. O. **S. 77:** Annette von Droste-Hülshoff : An Levin Schücking, aus: Annette von Droste-Hülshoff, Werke und Briefe in zwei Bänden, hrsg. von Manfred Häckel, Insel Verlag, Leipzig 1976. **S. 78:** Else Lasker-Schüler: Höre, aus: Else Lasker-Schüler, a. a. O. **S. 79:** Gottfried Benn: Hier ist kein Trost, aus: Gottfried Benn, a. a. O. **S. 80:** Dietmar von Eist : Släfest du, friedel ziere?, aus: Deutsche Lyrik des Mittelalters a. a. O. **S. 81:** Unbekannter Verfasser: Ich hort ein sichellin rauschen, aus: Deutscher Liederhort, hrsg. von Ludwig Erk und Franz Böhme, Breitkopf und Härtel, Leipzig 1893/94. **S. 83:** Karoline von Günderode: Die eine Klage, aus: Karoline von Günderode, Dichtungen, hrsg. von L. von Pigenot, München 1922. **S. 82:** Clemens Brentano: Der Spinnerin Nachtlied, aus: Clemens Brentano, Werke, a. a. O. **S. 84:** Eduard Mörike: Das verlassene Mägdlein, aus: Eduard Mörike, Werke, a. a. O. **S. 85:** Gertrud Kolmar: Die Verlassene, aus: Gertrud Kolmar: Das lyrische Werk, Kösel Verlag, München 1960. **S. 86:** Ingeborg Bachmann: Eine Art Verlust, aus : Ingeborg Bachmann, a. a. O., S. 180. **S. 88:** Ulla Hahn. Mit Haut und Haar, aus: Ulla Hahn, Hals über Kopf, a. a. O., S. 7. **S. 87:** Sarah Kirsch: Bei den Stiefmütterchen, aus: Sarah Kirsch: Zaubersprüche, a. a. O. **S. 89:** Sibylla Schwarz: Liebe schont der Götter nicht, aus: Lyrik des Barock. Reclam Verlag, Stuttgart. **S. 90:** Ludwig Christoph Heinrich Hölty. Die Liebe, aus: L. Chr. H. Hölty, Sämtliche Werke, hrsg. von W. Michael, Weimar 1914. **S. 91:** Matthias Claudius: Die Liebe, aus: Matthias Claudius, Werke, Cotta'sche Buchhandlung, Stuttgart 1957. **S. 92:** Karoline von Günderode: Liebe, aus: Karoline von Günderode, a. a. O. **S. 92:** Friedrich Hölderlin: Die Liebe, aus: Friedrich Hölderlin, Sämtliche Werke, a. a. O. **S. 93:** Ludwig Tieck: Wunder der Liebe, aus: Ludwig Tieck,

Textquellenverzeichnis

Gedichte, Dresden 1821–23, Nachdruck 1967. **S. 95:** Gottfried Benn: Liebe. © Arche Verlag, Hamburg und Zürich. S. 175. **S. 96:** Ingeborg Bachmann: Erklär mir, Liebe, aus: Ingeborg Bachmann, Sämtliche Gedichte, a. a. O. , S. 119. **S. 97:** Hans Magnus Enzensberger: Call it love, aus: H. M. Enzensberger, Verteidigung der Wölfe, Suhrkamp Verlag, Frankfurt am Main 1957. **S. 98:** Paul Celan: Die Liebe, zwangsjackenschön, aus: Paul Celan, Gesammelte Werke, Gedichte II, Suhrkamp Verlag, Frankfurt am Main 1983. **S. 98:** Reiner Kunze: Die Liebe, in: Reiner Kunze, Gespräch mit der Amsel, S. Fischer Verlag, Frankfurt am Main 1984. **S. 100:** Christian Hoffmann von Hoffmannswaldau: Albanie gebrauche deine Zeit, aus: Herrn von Hoffmannswaldau und anderer Deutschen auserlesene und bisher ungedruckte Gedichte, a. a. O. **S. 101:** Johann Christian Günther: Eröffne mir das Feld der Lüste, aus: Johann Christian Günther, Sämtliche Werke, Hist.-krit. Gesamtausgabe, hrsg. von Wilhelm Krämer, Leipzig 1930/1931. **S. 102:** Peter Rühmkorf: Das ganz entschiedene Ausweiche-Lied, aus: Peter Rühmkorf, Irdisches Vergnügen in g., Rowohlt Verlag, Reinbek bei Hamburg 1959, © by Peter Rühmkorf, Hamburg. **S. 103:** Robert Gernhardt : Einmal hin und zurück, aus: Robert Gernhardt, Reim und Zeit, Gedichte, Reclam Verlag, Stuttgart 2000. **S. 104:** Thomas Kling: aber annette, aus: Thomas Kling. Ausgewählte Gedichte 1981–1993, Suhrkamp Verlag, Frankfurt am Main 1994. **S. 108:** Sprüche über die Liebe, aus: Karl Peltzer/Reinhard von Normann, Das treffende Zitat. Ott Verlag, Thun, 9. Auflage 1989. **S. 110:** Elvis Presley/Vera Matson: Love me tender, a. a. O. **S. 111:** John Lennon/Paul McCartney: Yesterday. a. a. O. **S. 112:** Was ist Minnesang? Text: Adelheid Petruschke. **S. 113:** Volker Meid: Walther von der Vogelweide, aus: Volker Meid, Das Reclambuch der deutschen Literatur, Reclam Verlag, Stuttgart 2004, S. 46/47 und 62. **S. 114:** Tagelied, aus: Metzler Literaturlexikon, Begriffe und Definitionen. Hrsg. von Günther und Irmgard Schweikle, J. B. Metzlersche Verlagsbuchhandlung, Stuttgart 1990. **S. 115:** Philipp Harsdörffer: Die Aufgabe des Poeten, aus: Philipp Harsdörffer, Poetischer Trichter, W. Endter, Nürnberg 1647, S. 7. **S. 116:** Johann Georg Sulzer: „Vorteilhafte Würkungen …", aus: Johann Georg Sulzer, Allgemeine Theorie der Schönen Künste. Zweyter Teil: Weidemanns Erben und Reich, Leipzig 1774, S. 710 f. **S. 117:** Friedrich Schiller: „Das innere Ideal …", aus: Friedrich Schiller, Über Bürgers Gedichte. Allgemeine Literatur-Zeitung, 1791. Zitiert nach: Friedrich Schiller, Sämtliche Werke, Bd. V, München: Winkler Verlag, S. 683. **S. 118:** Friedrich Schlegel: Gedanken über die Liebe, aus: Friedrich Schlegel, Aus den ‚Fragmenten' und ‚Ideen'. Werke in zwei Bänden. Bd. 1, Aufbau Verlag, Berlin/Weimar 1980, S. 195, 225, 237, 273, 276. **S.118/119/120:** Friedrich Schlegel: „Ich liebe…", aus: Friedrich Schlegel: Lucinde, Reclam Verlag, Stuttgart 1964, S. 28 f. **S.120/121:** Heinrich Heine: „Der alte Spuk …", in: Heinrich Heine, Die romantische Schule. Werke und Briefe, Bd. 5, Aufbau Verlag, Berlin/Weimar, S. 143 f. **S. 124:** Bertolt Brecht: Kin-jeh über die Liebe, in: Bertolt Brecht, Meti / Buch der Wendungen, Gesammelte Werke, Bd. 12, Suhrkamp Verlag, Frankfurt am Main 1967, S, 571 f. **S. 123:** Ingeborg Bachmann: Das Widerspiel des Unmöglichen, in: Ingeborg Bachmann, Werke, hrsg. von Chr. Koschel / I. von Weidenbaum / C. Münster, Bd. 4, Piper Verlag, München 1978, S. 276. **S. 123/ 124/125:** Hilde Domin: Das Gedicht, der unverbrauchbare Gegenstand, aus: Hilde Domin, Das Gedicht als Augenblick von Freiheit. Frankfurter Poetik-Vorlesungen, F. Fischer Taschenbuch Verlag, Frankfurt am Main 1983, S. 47 ff. **S. 128/129:** Ruth Klüger: Die weibliche Sicht, aus: Ruth Klüger, Frauen lesen anders, Deutscher Taschenbuch Verlag, München 1996, S. 86 ff. (Originalausgabe) **S. 131:** Friedrich de la Motte Fouqué: Undine, aus: Friedrich de la Motte Fouqué, Undine. aus: Märchen der Romantik, Bd. 1, hrsg. von Maria Dessauer, Frankfurt a. M.; Insel Verlag 1977, S. 295 f. **S. 132/133:** Ingeborg Bachmann: Undine geht, aus: Ingeborg Bachmann, Undine geht. Zitiert nach: Ingeborg Bachmann, Das dreißigste Jahr, Deutscher Taschenbuch Verlag, München 1966, S. 140 f. © R. Piper und Co. Verlag, München 1961. **S. 134/ 135/136/:** Simone de Beauvoir: Liebe, in: Simone de Beauvoir, Das andere Geschlecht. Sitte und Sexus der Frau, Rowohlt Taschenbuch Verlag, Reinbek 1968, S. 607 ff. Übersetzung: Franz Montfort. **S. 137/138.** J. W. von Goethe und Friederike Brion, aus: J. W. von Goethe, Dichtung und Wahrheit, Hamburger Ausgabe, Bd. 9, München: C.H. Beck Verlag, München 8. Auflage 1978, S. 433 und 450. **S. 139:** Karl Otto Conrady: Das Ende einer Liebe, in: Karl Otto Conrady, Goethe Leben und Werk, Bd. 1, Fischer Taschenbuch Verlag, Frankfurt am Main 1982. © Athenäum Verlag Königstein/Taunus. **S. 140/141:** Friedrich Hölderlin an Susette Gontard, aus: Friedrich Hölderlin. Große Stuttgarter Ausgabe, Bd. 6, 1. Hälfte, Briefe. Hrsg. von Adolf Beck, Kohlhammer Verlag, Stuttgart 1954, S. 370 f. **S. 142/143** Peter Härtling: Die dreifache Maria, aus: Peter Härtling, Die dreifache Maria. Eine Geschichte.Deutscher Taschenbuch Verlag, München 1998. © 1996 Verlag Kiepenheuer & Witsch, Köln. **S. 144/145:** Rede auf Else Lasker-Schüler, aus: Gottfried Benn: Sämtliche Werke. Stuttgarter Ausgabe. Bd. 6, Prosa 4. Klett-Cotta, Stuttgart 2001. **S. 146/147:** Briefe an Friedrich Kreuzer/Hektor Günderode, in: Karoline von Günderrode. Der

Text- und Bildquellenverzeichnis

Schatten eines Traumes. Gedichte, Prosa, Briefe, Zeugnisse von Zeitgenossen, Hrsg. und mit einem Essay von Christa Wolf, Neuwied: Luchterhand Verlag, S. 244 und 254 f. © Buchverlag Der Morgen, Berlin/DDR 1979. **S. 148/1491:** Christa Wolf: Unstillbares im Leben, aus: Karoline von Günderrode. Der Schatten eines Traumes. Gedichte, Prosa, Briefe, Zeugnisse von Zeitgenossen. Hrsg. und mit einem Essay von Christa Wolf, Neuwied: Luchterhand Verlag, S. 25 f., 28 und 30. © Buchverlag Der Morgen, Berlin/DDR 1979. **S. 150/151:** Hildegard von Bingen: Vom Wesen der Liebe, aus: Ottfried Hoffe (Hrsg.), Lesebuch zur Ethik, C.H. Beck Verlag, München 1999, S. 140 f. **S. 152/153:** Max Frisch: Du sollst dir kein Bildnis machen, in: Max Frisch, Tagebuch 1946–1949, Suhrkamp Verlag, Frankfurt am Main 1950, S. 28 ff. **S. 154/155:** Stefan Klein: Ist Liebe eine Sucht? aus; Stefan Klein, Die Glücksformel, Rowohlt Taschenbuch Verlag, Reinbek 2002, S. 164 ff.

Bildquellenverzeichnis

Umschlag/S. 105: Getty Images (Brand X Pictures), München.
S. 106: aus: Friedrich Karl Waechter, Wahrscheinlich guckt wieder kein Schwein © 1978 Diogenes Verlag, Zürich.
S. 107: Doris Lerche, Frankfurt.
S. 109: The Bridgeman Art Library, London/ © VG Bild-Kunst, Bonn 2006.
S. 112: AKG, Berlin.
S. 126: © VG Bild-Kunst, Bonn 2006.
S. 127: AKG, Berlin.
S. 130: AKG, Berlin.
S. 137: AKG, Berlin.
S. 138: AKG, Berlin.
S. 140.1: AKG, Berlin.
S. 140.2: ullstein bild, Berlin.
S. 146: AKG, Berlin.

Nicht in allen Fällen war es uns möglich, den Rechteinhaber ausfindig zu machen. Berechtigte Ansprüche werden selbstverständlich im Rahmen der üblichen Vereinbarungen abgegolten.